JN272464

特別支援教育ライブラリー

特別支援学級・通級指導教室の魅力ある実践

大南英明 編

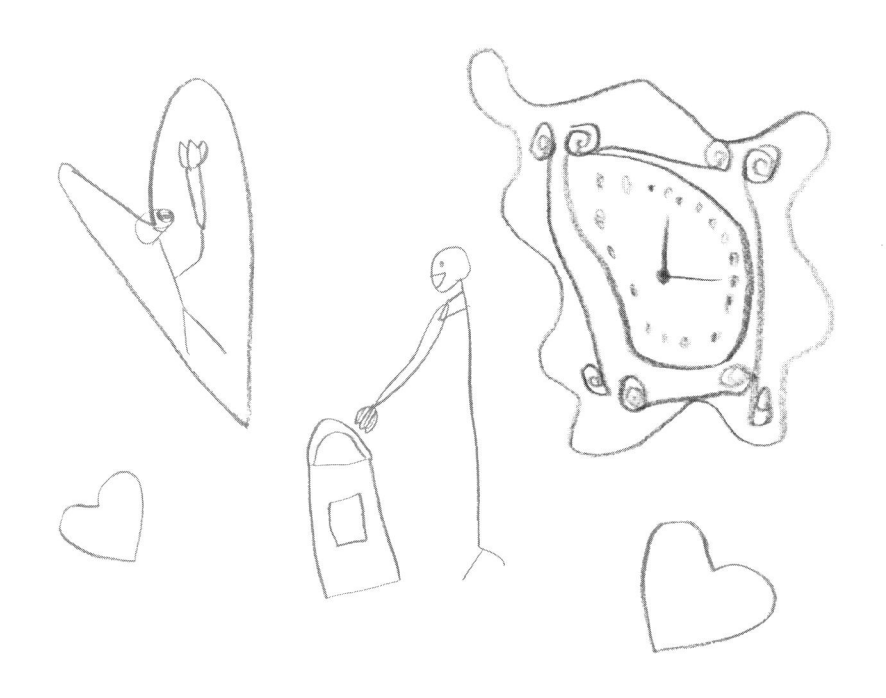

教育出版

編者・執筆者一覧

■編　者

大　南　英　明　放送大学

■執筆者（執筆順）

大　南　英　明	上掲
河　村　　　久	聖徳大学
河　本　眞　一	東京都中野区立桃園小学校
砥　拇　敬　三	東京都足立区立綾瀬小学校
瀧　島　順　一	東京都練馬区立大泉中学校
永　関　和　雄	東京都町田市立町田第三中学校
富　田　速　人	東京都小平市立小平第一小学校
長谷川安佐子	東京都新宿区立天神小学校
西　村　美　華　子	熊本県熊本市立出水中学校
千　葉　直　敏	千葉県千葉市立花見川第二中学校
永　井　裕　之	島根県松江市立島根小学校
岡　　　浩　子	高知県高知市立養護学校
吉　越　敦　子	長野県東御市立祢津小学校
白　石　侯　明	山形県米沢市立窪田小学校
斎　藤　友　代	東京都文京区立礫川小学校
根　岸　久仁夫	同上
小　林　省　三	東京都江戸川区立二之江小学校
谷　　　雄　二	高知県高知市立朝倉第二小学校
野　村　須美子	東京都杉並区立高井戸第二小学校
川　合　立　也	千葉県四街道市立四街道小学校
倉　澤　美　晴	長野県松本市立松島中学校
斎　藤　道　美	宮城県仙台市立高森中学校
石　川　由　美　子	埼玉県さいたま市立原山中学校
原　口　明　子	埼玉県上尾市立上尾中学校
山　田　貴　之	東京都中野区立第七中学校
小　野　直　美	静岡県三島市立北中学校
山　本　登　志　子	東京都世田谷区立笹原小学校
田　中　容　子	東京都三鷹市教育委員会
高　階　惠　子	東京都港区立東町小学校
内　田　晴　美	埼玉県春日部市立牛島小学校
齋　藤　浩　司	千葉県船橋市立船橋中学校
森　下　由　規　子	東京都豊島区立千早小学校
高　林　悟　子	茨城県大子町立生瀬小学校

ま え が き

　特別支援教育を推進する上で，特別支援学級，通級指導教室の役割は，非常に大きいものがある。その一つは，特別支援学級，通級指導教室は，多くの場合，小学校，中学校の中に設置されており，障害のない児童生徒の活動に，日常的にふれることができ，交流及び共同学習を行うのに好条件であること，二つめは，特別支援学級，通級指導教室で指導を受けている児童生徒の数と特別支援学校の小学部，中学部に在籍する児童生徒の数との比は，およそ３：１で，数の上でも圧倒的に多いことである。数の多さを売りにするのではなく，教育の質の高さ，指導の内容の充実を発信する必要がある。

　本書は，特別支援学級，通級指導教室の指導の一層の充実を目指すために，以下の構成により「特色ある実践」等を紹介してある。

　本書の構成は，１章　特別支援教育における特別支援学級・通級指導教室の位置づけ，２章　特別支援学級・通級指導教室の現状，３章　学校経営における特別支援学級・通級指導教室の位置づけ，４章　特別支援学級・通級指導教室の教育課程の編成，５章　特別支援学級・通級指導教室の特色ある実践，６章　特別支援学級・通級指導教室を支援する体制づくり　である。

　特に，５章では，特別支援学級の特色ある実践を小学校12事例，中学校９事例，通級指導教室の新たな試みを８事例紹介してある。これらの事例を参考にそれぞれの学級・教室において，特色ある実践，新たな試みが展開されることを期待している。

　また，６章では，支援する体制づくりについて，４事例を紹介し，特別支援学級・通級指導教室の活動がより効果的に行われるための支援体制づくりに関係者の連携協力の方法等をまとめてある。

　『小学校学習指導要領解説　総則編』等には，「特別支援学級は，小学校の学級の一つであり，特別支援学級も通常の学級と同様，これを適切に運営してい

くためには，すべての教師の理解と協力が必要である」，「対象となる児童に対する通常の学級における指導と通級による指導とが共に効果的に行われるためには，それぞれの担当教師同士が児童の様子や変化について定期的に情報交換を行い，特別の指導の場における指導の成果が，通常の学級においても生かされるようにするなどして連携に努め，指導の充実を図ることが重要と言える」，「障害のある児童の指導に当たっては，特に教職員の理解の在り方や指導の姿勢が，児童に大きく影響することに十分留意し，学校や学級内における温かい人間関係づくりに努めることが大切である」など，学校経営のあり方，障害についての教師の理解認識，教師間の連携の必要性が述べられている。

　また，前記『小学校学習指導要領解説 総則編』では，交流及び共同学習についても，「障害のある幼児児童生徒との交流及び共同学習は，児童が障害のある幼児児童生徒とその教育に対する正しい理解と認識を深めるための絶好の機会であり，同じ社会に生きる人間として，お互いを正しく理解し，共に助け合い，支え合って生きていくことの大切さを学ぶ場でもあると考えられる」と，その意義，目的等について述べている。

　以上のことを踏まえ，本書が，現在，特別支援学級，通級指導教室を担当されている方々はもちろん，小学校，中学校の通常の学級を担当されている方々，さらには，障害のある児童生徒の教育に関心のある方々，これから教師を目指そうとしている学生諸君等，多くの方々にご一読いただけることを願っている。

　ご多用の中，ご執筆くださった方々に心からお礼を申し上げるとともに，企画・編集で多大のご苦労をおかけした教育出版の阪口建吾氏に心からの謝意を表する次第である。

　　2010年2月

　　　　　　　　　　　　　　　　　　　　　　　　　編者　大南英明

目　　次

まえがき

1章　特別支援教育における特別支援学級・通級指導教室の位置づけ ………… 1
1．特別支援学級の位置づけと役割 ………… 2
（1）学校経営における特別支援学級の位置づけ ………… 2
（2）特別支援学級の役割 ………… 4
2．通級指導教室の位置づけと役割 ………… 6
（1）通級指導教室の設置と学校経営における位置づけ ………… 6
（2）通級指導教室の役割 ………… 8

2章　特別支援学級・通級指導教室の現状 ………… 11
1．特別支援教育を受けている義務教育段階の児童生徒 ………… 12
2．特別支援学級の現状 ………… 12
（1）特別支援学級を設置している小・中学校 ………… 12
（2）特別支援学級の学級数 ………… 13
（3）特別支援学級に在籍する児童生徒 ………… 13
（4）特別支援学級の担当教員 ………… 14
3．通級指導教室の現状 ………… 15
（1）通級による指導の実施状況 ………… 15
（2）通級による指導の指導時間 ………… 17
（3）通級による指導の担当教員 ………… 17
（4）通級指導教室設置学校数・教室数 ………… 17

3章　学校経営における特別支援学級・通級指導教室の位置づけ ………… 19
1．小学校における位置づけ ………… 20
（1）特別支援学級 ………… 20
（2）通級指導教室 ………… 24
2．中学校における位置づけ ………… 28
（1）特別支援学級 ………… 28
（2）通級指導教室 ………… 31

4章　特別支援学級・通級指導教室の教育課程の編成 ……… 35
1．小学校教育課程の編成 ……… 36
(1) 特別支援学級 ……… 36
(2) 通級指導教室 ……… 40
2．中学校教育課程の編成 ……… 44
(1) 特別支援学級 ……… 44
(2) 通級指導教室 ……… 48

5章　特別支援学級・通級指導教室の特色ある実践 ……… 53
1．特別支援学級の特色ある実践 ……… 54

事例1-1	交流及び共同学習を学校経営方針の核とした学校づくり ………	56
事例1-2	個別の指導計画を重視した学級経営 ………	60
事例1-3	学習環境を重視した学級経営 ………	64
事例1-4	知的障害の学級と情緒障害の学級とが連携した学級経営 ………	68
事例1-5	個別の指導計画に基づいた国語の指導 ………	72
事例1-6	個別の指導計画に基づいた算数の指導 ………	76
事例1-7	外国語活動の指導 ………	81
事例1-8	生活単元学習 ——ウォーターランドの完成だ！—— ………	85
事例1-9	生活単元学習 ——宿泊学習(合同学習)—— ………	89
事例1-10	交流及び共同学習 ………	95
事例1-11	交流及び共同学習 ——生活科—— ………	99
事例1-12	交流及び共同学習 ——給食—— ………	103
事例2-1	個別の指導計画を重視した学級経営 ………	108
事例2-2	学習環境を重視した学級経営 ………	112
事例2-3	個別の指導計画に基づいた国語の指導 ………	118
事例2-4	個別の指導計画に基づいた数学の指導 ………	122
事例2-5	生活単元学習 ——宿泊学習(合同学習)—— ………	126
事例2-6	作業学習 ………	131
事例2-7	「段取りする力」を育てる調理作業の取組 ………	135
事例2-8	ともに生きる交流及び共同学習 ………	139
事例2-9	進路の学習 ………	143

２．通級指導教室の新たな試み ································· *148*
　　事例３−１　通級指導教室の指導　──弱視── *150*
　　事例３−２　通級指導教室の指導　──難聴──
　　　〜小学校入学後に難聴が見つかった例(小学校２年女子)〜 ······· *155*
　　事例３−３　通級指導教室の指導　──言語障害──
　　　〜構音障害と読み書き障害をあわせ持つ例〜 ················· *160*
　　事例３−４　通級指導教室の指導　──自閉症── ············· *165*
　　事例３−５　通級指導教室の指導　──情緒障害・小学校── *170*
　　事例３−６　通級指導教室の指導　──情緒障害・中学校── *174*
　　事例３−７　一人一人の特性に応じた通級指導教室の指導　── LD ── ············· *178*
　　事例３−８　個別指導と小集団指導を効果的に使った通級指導　── ADHD ──
　　　·· *182*

6章　特別支援学級・通級指導教室を支援する体制づくり ········ *187*
　１．個人記録ノートの工夫による保護者との協力 ············· *188*
　２．入学相談への支援体制 ································· *191*
　　(1)　就学指導委員会 ································· *191*
　　(2)　資料収集 ······································· *191*
　　(3)　行動観察 ······································· *192*
　　(4)　保護者への対応 ································· *192*
　　(5)　通級による指導への入学相談 ····················· *192*
　　(6)　入学後をスムーズにするための入学相談 ··········· *193*
　３．PTA活動との連携 ····································· *194*
　　(1)　基本的な立場 ··································· *194*
　　(2)　具体的な活動 ··································· *194*
　　(3)　保育ボランティアの取組 ························· *195*
　　(4)　今後の方向 ····································· *196*
　４．巡回による指導の試行 ································· *197*
　　(1)　特別支援学級の担任による通常の学級への巡回指導 ··· *197*
　　(2)　東京都豊島区の通級指導学級の担当教員による巡回指導の試行 ··· *197*
　５．進路への支援 ··· *199*
　　(1)　学校の教育活動全体を通じて ····················· *199*
　　(2)　学校生活における支援内容例 ····················· *199*

- (3) 家庭・地域・関係機関との連携例 ………………………………… *200*
- (4) 支援の引き継ぎ・移行支援 ………………………………………… *200*

7章　通常の学級への支援 ………………………………………………… *201*

1．通常の学級担任の悩み ……………………………………………… *202*
- (1) 通常の学級担任の悩み「一人で抱え込むなと言われても」……… *202*

2．通常の学級担任の相談 ……………………………………………… *206*
- (1) はじめに …………………………………………………………… *206*
- (2) 個別で行う配慮・支援と，全体で行う配慮・支援 …………… *206*
- (3) チームを組んで行う通常の学級での支援 ……………………… *207*
- (4) チームでの支援の力を倍増させるためのキーワード ………… *207*
- (5) 通常の学級担任とのやり取りQ＆A …………………………… *207*

3．通常の学級における個別の指導計画の作成 ……………………… *210*
- (1) 学校全体で書く …………………………………………………… *210*
- (2) 完成品でなくてよい ……………………………………………… *210*
- (3) 具体的に書く ……………………………………………………… *210*
- (4) やりやすい，取り組みやすいところから書く ………………… *211*
- (5) 目標や時間をしぼる ……………………………………………… *211*
- (6) どうすればできるか条件をつかむ ……………………………… *211*
- (7) 実践し，反省し，修正していく ………………………………… *212*
- (8) 学級経営の中での個別の指導計画 ……………………………… *212*
- (9) 周辺の環境を整える ……………………………………………… *212*
- (10) 保護者との連携の中で書く ……………………………………… *213*
- (11) 専門家との連携 …………………………………………………… *213*
- (12) 次の学年に引き継ぐ ……………………………………………… *213*

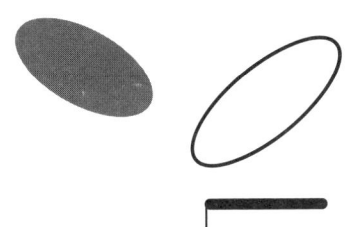

1章 特別支援教育における特別支援学級・通級指導教室の位置づけ

1. 特別支援学級の位置づけと役割

(1) 学校経営における特別支援学級の位置づけ

「特別支援教育の推進について（通知）」(19文科初第125号　平成19年4月1日)の中で，校長の責務について次のように示している。

「校長(園長を含む。以下同じ。)は，特別支援教育実施の責任者として，自らが特別支援教育や障害に関する認識を深めるとともに，リーダーシップを発揮しつつ，次に述べる体制の整備等を行い，組織として十分に機能するよう教職員を指導することが重要である。

また，校長は，特別支援教育に関する学校経営が特別な支援を必要とする幼児児童生徒の将来に大きな影響を及ぼすことを深く自覚し，常に認識を新たにして取り組んでいくことが重要である。」

この通知では，次のことを指摘している。

○校長自らが，特別支援教育や障害に関する認識を深める。
○リーダーシップを発揮しつつ，組織として十分に機能するよう教職員を指導する。

特別支援学級の位置づけについて，小学校学習指導要領解説総則編において，次のように解説している(中学校学習指導要領解説総則編においても同様の解説をしている)。——教育課程実施上の配慮事項　7　障害のある児童の指導（第1章第4の2(7)）——

> 特に，本章第2節3にあるように，特別支援学級は，障害があるために通常の学校における指導では十分に指導の効果を上げることが困難な児童のために編制された少人数の学級であり，児童の障害の状態等に応じて，適切な配慮の下に指導が行われている。特別支援学級は，小学校の学級の一つであり，特別支援学級も通常の学級と同様，これを適切に運営してい

> くためには，すべての教師の理解と協力が必要である。学校運営上の位置付けがあいまいになり，学校組織の中で孤立することのないよう留意する必要がある。このため，学校全体の協力体制づくりを進めたり，すべての教師が障害について正しい理解と認識を深めたりして，教師間の連携に努める必要がある。

上記の解説の中で，重要な内容は，次のようである。
- 特別支援学級は，障害があるために通常の学級における指導では十分に指導の効果を上げることが困難な児童のために編制された少人数の学級である。
  - 特別支援学級の一学級の児童または生徒の数は8人であり，この標準を基に，都道府県の教育委員会が決めることになっている。
  - 特別支援学級は，学校教育法第81条第2項の規定による障害のある児童または生徒を対象とする学級であり，現在，障害別に次の学級が設置されている。
    　知的障害，肢体不自由，病弱，身体虚弱，弱視，難聴，言語障害，自閉症・情緒障害
  - 特別支援学級では，学校教育法施行規則第138条の規定により，特別の教育課程によることができることとなっている。

- 特別支援学級は，小学校または中学校の学級の一つである。
  - 特別支援学級は，障害のある児童または生徒のために設置された学級であるが，1年1組と変わらず，校内の一つの学級であることを全教職員が認識する必要がある。

- 特別支援学級も通常の学級と同様，これを適切に運営していくためにはすべての教師の理解と協力が必要である。
  - すべての教職員が，障害について正しい理解と認識を深める。
  - 特別支援学級の学級経営，教育課程等について理解する。

○特別支援学級が，学校組織の中で孤立することのないよう留意する必要がある。
- 学校経営方針の中に特別支援教育，特別支援学級を明確に位置づける。

○学校全体の協力体制づくりを進める。
- 学級経営に対する理解と支援を進める。
- 教育課程の編成等に対する支援体制をつくる。

○すべての教師が障害について正しい理解と認識を深めたりして，教師間の連携に努める必要がある。
- 特別支援学級の児童または生徒について，全校の教職員が情報を共有し理解を深める（氏名，障害の状態，学習や行動の特性など）。
- 交流及び共同学習について，全教職員で検討し，内容や方法等を工夫する。

(2) 特別支援学級の役割
① 障害のある児童に対し，適切な指導及び必要な支援を行う

　特別支援学級は，学校教育法第81条第2項に基づいて設置され，障害別に学級を置き，1学級8名を標準として指導が行われる。

　児童生徒の障害の状態等に応じて，特別の教育課程を編成することができ（学校教育法施行規則第138条の規定による），一人一人の教育的ニーズに応じた適切な指導及び必要な支援ができるようになっている。

　そして，医療・保健，福祉等の関係機関との連携により，個別の教育支援計画を作成し，長期にわたり，計画的，組織的，継続的に教育を進めることが求められている。個別の教育支援計画を基本として，具体的に授業を進めるため，個別の指導計画が作成され，個に応じた指導が進められる。

② 交流及び共同学習を推進する

　特別支援学級は，小学校，中学校に設置されており，障害のある児童生徒と障害のない児童生徒が，活動をともにする上での条件が整っている。

　ア　意図的，計画的な交流及び共同学習

　　総合的な学習の時間，特別活動，道徳，各教科について，年度当初あるいは，学期初め等に，意図的，計画的に交流及び共同学習について検討し，計画的に実施する。特別支援学級の設置校は，交流及び共同学習を実施する上で，極めて好条件にある。

　イ　日常的な交流及び共同学習

　　登下校，昇降口での触れ合い，休憩時間に一緒に遊ぶこと，給食をともにすることなど，特別支援学級の設置校ならではの日常的な触れ合い，交流及び共同学習の場，機会は随所にある。

③ 特別支援教育のキーステーションとしての役割を果たす

　特別支援学級は，特別支援教育のキーステーションとして，次のような機能，役割を持っている。

　ア　特別支援学級設置校内の特別支援教育のキーステーション

　　特別支援教育，障害のある児童生徒への理解，認識を深めるための研修，日常的な触れ合い，特別支援学級の公開等，設置校への支援をする。

　イ　特別支援学級未設置校に対する特別支援教育のキーステーション

　　特別支援教育についての研修，交流及び共同学習等について支援する。

　ウ　地域に対する特別支援教育のキーステーション

　　特別支援学級の公開等により，地域に対し，特別支援教育を推進するための支援をする。また，個別に障害のある子どもの相談に応じる。

（大南　英明）

2. 通級指導教室の位置づけと役割

(1) 通級指導教室の設置と学校経営における位置づけ

　通級による指導(通級指導教室)について，小学校学習指導要領解説総則編において，次のように解説している。

> 　通級による指導は，小学校の通常の学級に在籍している比較的軽度の障害のある児童に対して，主として各教科等の指導を通常の学校で行いながら，当該児童の障害に応じた特別の指導を特別の指導の場(通級指導教室)で行う教育形態である。ここでいう特別の指導とは，障害による学習上又は生活上の困難の改善・克服を目的とする指導のことである。したがって，指導に当たっては，特別支援学校小学部・中学部学習指導要領を参考とし，例えば，障害による学習上又は生活上の困難の改善・克服を目的とした指導領域である「自立活動」の内容を取り入れるなどして，個々の児童の障害の状態等に応じた具体的な目標や内容を定め，学習活動を行うことになる。また，これに加えて，特に必要があるときは，特別の指導として，児童の障害の状態等に応じて各教科の内容を補充するための指導を一定時間内において行うこともできることになっている。そして，小学校学習指導要領第1章総則第4の2(7)においては，「特別支援学級又は通級による指導については，教師間の連携に努め，効果的な指導を行うこと」と示されており，通級による指導の担当教師だけでなく，他の教師との連携協力の下，効果的な指導を行う必要がある。
> 　通級による指導の対象となる者は，学校教育法施行規則第140条各号の一に該当する児童(特別支援学級の児童を除く。)で，具体的には，言語障害者，自閉症者，情緒障害者，弱視者，難聴者，学習障害者，注意欠陥多動性障害者などである。
> 　通級による指導を行う場合には，学校教育法施行規則第50条第1項，第51条及び第52条並びに第72条から第74条までの規定にかかわらず，特別の教育課程によることができ，前述した特別の指導を，小学校の教育課程に加え，又はその一部に替えることができることになっている。(学校教育法施行規則第140条，平成5年

文部省告示第7号，平成18年文部科学省告示第54号，平成19年文部科学省告示第146号）
　通級による指導に係る授業時数は，年間35単位時間から280単位時間までを標準とされているほか，学習障害者及び注意欠陥多動性障害者については，年間10単位時間から280単位時間までを標準とされている。
　また，児童が在籍校以外の小学校又は特別支援学校の小学部において，特別の授業を受ける場合には，当該児童が在籍する小学校の校長は，これら他校で受けた指導を，特別の教育課程に係る授業とみなすことができることになっている（同規則第141条）。なお，このように児童が他校において指導を受ける場合には，当該児童が在籍する小学校の校長は，当該特別の指導を行う学校の校長と十分協議の上，教育課程を編成するとともに，学校間及び担当教師間の連携を密にする必要がある。
（中学校学習指導要領解説総則編にも同様の趣旨の内容が示されている。）

上記の解説で重要な内容は，次のようである。
○通級による指導は，小学校（中学校）の通常の学級に在籍する比較的軽度の障害のある児童（生徒）を対象としている。
　　通常の学級で受ける授業は，週20〜27単位時間である（高学年）。
○通級による指導における特別の指導は，自立活動及び教科の内容を補充するための指導が行われる。
○通級による指導の対象となる者は，言語障害者，自閉症者，情緒障害者，弱視者，難聴者，学習障害者，注意欠陥多動性障害者などである。
　　平成18年に学校教育法施行規則が改正され，自閉症者と情緒障害者とが別々に表記されるとともに，新たに，学習障害者，注意欠陥多動性障害者が対象として加えられた。
○通級による指導は，児童（生徒）の障害の状態等に応じた適切な指導を進めるため，特別の教育課程によることができることになっている。
○通級による指導に係る授業時間数は，次のように標準として示されている。
　・言語障害者，自閉症者，情緒障害者，弱視者，難聴者
　　年間　35単位時間から280単位時間まで

これは，週1単位時間から8単位時間までとなる。
- 学習障害者，注意欠陥多動性障害者
  年間　10単位時間から280単位時間まで
  これは，月1単位時間から週8単位時間までとなる。

　　これまでは，週1単位時間以上でなければ通級による指導として認められなかったが，月1単位時間でも通級として認められたことに大きな意義がある。
　　また，従前は，自立活動の指導が3単位時間，教科の補充のための指導5単位時間が，標準として示されていたが，平成18年の改正により，自立活動の指導と教科の補充のための指導とに分けずにトータルで授業時数が示されている。

○児童（生徒）が在籍校以外の小学校（中学校）または特別支援学校の小学部（中学部）で受けた特別の指導を，児童（生徒）が在籍する小学校（中学校）の校長は，他校で受けた指導を特別の教育課程に係る授業とみなすことができる。
- 児童（生徒）が在籍する小学校（中学校）の校長は，特別の指導を行う学校の校長と十分協議の上，教育課程を編成する。
- 学校間及び担当教師間の連携を密にする必要がある。

(2) 通級指導教室の役割

① 障害のある児童に対し，適切な指導及び必要な支援を行う

　通級指導教室は，特別支援学級とは異なり，教師との1対1の指導，2～3人の小集団による指導が中心で，週1～8単位時間という限られた時間の中で授業が行われる。

　児童生徒の教育的ニーズに応じた特別の教育課程を編成することができることは前述したとおりである。そして，個別の教育支援計画を作成し，それを基に個別の指導計画を作成して授業を展開している。

　通級指導教室の授業は，個に応じた指導，一人一人の児童生徒の教育的ニー

ズに応じた指導そのものであるといえる。

② 児童生徒の在籍校との連携協力を密にし，通常の学級を支援する

　通級指導教室の担当教員が，児童生徒の在籍校を訪問するなどして，通常の学級担任と連絡を密にする。このことにより，通常の学級における指導，通級指導教室における指導が効果的に行われることになる。特に，通級指導教室担当教員による通常の学級担任への支援，例えば，個別の指導計画の作成，個別の教育支援計画の作成等が，スムーズに行えるようになる。

③ 特別支援教育のキーステーションとしての役割を果たす

　通級指導教室は，市町村における特別支援教育のキーステーションとして，次のような機能，役割を持っている。

　ア　通級指導教室設置校内の特別支援教育のキーステーション

　　特別支援教育，障害のある児童生徒への理解，認識を深めるための研修，障害のある児童生徒及びその保護者の相談

　イ　特別支援学級とともに，市町村内の特別支援教育のキーステーション

- 幼稚園，保育所等の就学前の障害のある幼児及びその保護者に対する教育相談
- 小学校，中学校の通常の学級に在籍する児童生徒及び教職員への支援
- 市町村民に対する特別支援教育，障害のある幼児児童生徒への理解，認識を深めるための支援（イベントの開催，教育相談など）

　　　　　　　　　　　　　　　　　　　　　　　　　　　　（大南　英明）

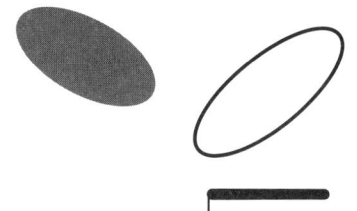

2章 特別支援学級・通級指導教室の現状

1. 特別支援教育を受けている義務教育段階の児童生徒

　義務教育段階にある児童生徒のうち，通常の学級以外の場において特別支援教育を受けている児童生徒の数は，右図のとおりである。これは，全児童生徒数の2.2％に相当する。なお，文部科学省の調査（2002）によれば，通常の学級に在籍する児童生徒の中に，発達障害等の児童生徒が6.3％の割合で在籍している可能性があることが示唆されており，これを平成20年度の児童生徒数にあてはめると66万7千余人に当たる。このことにも留意する必要がある。

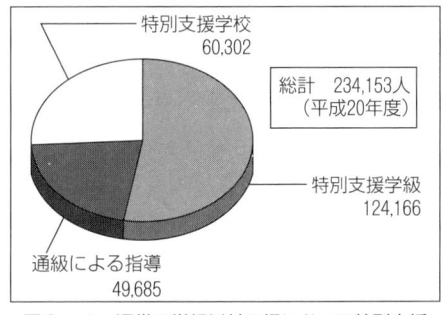

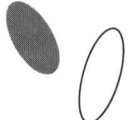

図2－1　通常の学級以外の場において特別支援教育を受けている児童生徒

- 特別支援学校　60,302
- 特別支援学級　124,166
- 通級による指導　49,685
- 総計　234,153人（平成20年度）

2. 特別支援学級の現状

(1) 特別支援学級を設置している小・中学校

　小・中学校のうち特別支援学級を設置している学校は，平成20年度には小学校15,002校，中学校7,087校であり，特別支援学級を設置している小・中学校の割合（設置率）は小学校66.7％，中学校64.9％，小・中学校全体では66.2％であった。

区分＼学校別	小学校	中学校	計
設置学校数　（校）	15,002	7,087	22,089
全 学 校 数　（校）	22,476	10,915	33,391
設　置　率　（％）	66.7	64.9	66.2

（平成20年5月1日現在）

(2) 特別支援学級の学級数

特別支援学級の数は，小学校27,674学級，中学校12,330学級となっており，障害種別ごとにみると，小・中学校とも知的障害の割合が最も多く，次いで自閉症・情緒障害，肢体不自由の順になっている。

障害種別	小学校(学級)	中学校(学級)	合計(学級)
知的障害	14,143	6,996	21,139
肢体不自由	1,847	638	2,485
病弱・身体虚弱	780	312	1,092
弱視	204	76	280
難聴	497	209	706
言語障害	386	64	450
自閉症・情緒障害	9,817	4,035	13,852
総計	27,674	12,330	40,004

(平成20年5月1日現在)

(3) 特別支援学級に在籍する児童生徒

特別支援学級に在籍する児童生徒数は，平成20年度には小学校86,331人，中学校37,835人，合計124,166人であり，1学級当たりの平均在籍数は，小・中学校とも3.1人となっている。この数は，小・中学校の全児童生徒のうち，小学校で

障害種別	小学校(人)	中学校(人)	合計(人)
知的障害	47,062	24,202	71,264
肢体不自由	3,163	1,038	4,201
病弱・身体虚弱	1,492	520	2,012
弱視	257	90	347
難聴	901	328	1,229
言語障害	1,324	87	1,411
自閉症・情緒障害	32,132	11,570	43,702
総計	86,331	37,835	124,166

(平成20年5月1日現在)

1.2％，中学校1.1％の割合を占めている。なお，平成21年度の学校基本調査によると，この割合はさらに高まり，小学校1.3％，中学校1.2％となっている。

このように，特別支援学級に在籍する児童生徒の数は，近年増加の傾向にある。データのそろっている昭和24年以降の児童生徒数の推移をグラフにすると，図2－2のようになっている。小学校では平成8年度から，中学校では翌年の平成9年度から増加に転じている。平成21年度は速報値であるが，小学校で過

去最高の在籍数を記録している（93,488人）。全児童生徒数が，小学校で昭和56年（11,924,653人），中学校で昭和62年（6,081,330人）以降減少傾向が続いていることを考えると，極めて特徴的な傾向を表している。

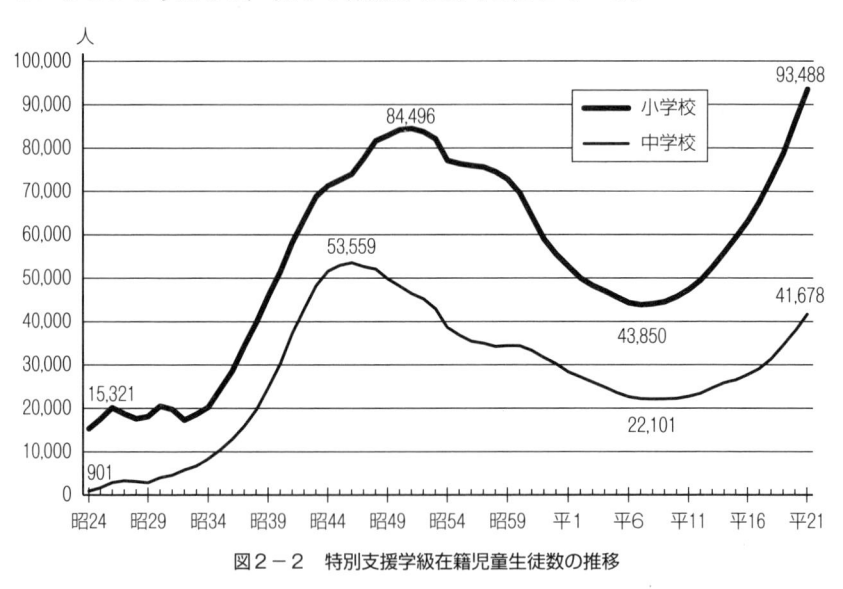

図2－2　特別支援学級在籍児童生徒数の推移

(4) 特別支援学級の担当教員

特別支援学級を担当する教員の数は，平成20年度には，小学校29,364人，中学校13,239人，合計42,603人である。そのうち，特別支援学校教諭免許状を保有

区分＼学校別	小学校	中学校	計
特別支援学級担当教員数(人)	29,364	13,239	42,603
上記のうち，特別支援学校教諭免許状所有者(人)	9,917	3,713	13,630
特別支援学校教諭免許状所有率(%)	33.8	28.0	32.0

（平成20年5月1日現在）

する教員は，小学校9,917人，中学校3,713人であり，これは担当教員のそれぞれ33.8％，28.0％に当たる。また，保有率は，この5年間で2.5％増加している。特別支援学級担当教員の特別支援学校教諭免許状保有率の推移は，次ページの表の通りである。

特別支援学級に在籍する児童生徒の障害の多様化が進み，また，校内での特別支援教育コーディネーター等の役割も期待される現在，特別支援学

	16年度	17年度	18年度	19年度	20年度
小学校	31.4%	32.0%	32.7%	34.2%	33.8%
中学校	25.4%	26.0%	26.4%	28.6%	28.0%
合　計	29.5%	30.2%	30.8%	32.4%	32.0%

級を担当する教員の専門性の向上は大きな課題である。各教育委員会等が実施する研修のいっそうの充実を図るとともに，特別支援学校教諭免許状の取得促進を進めることが重要となっている。

3. 通級指導教室の現状

(1) 通級による指導の実施状況

　通級による指導は，平成20年度では小学校で46,956人，中学校で2,729人，合計49,685人が受けている。障害種別は，小・中学校全体では言語障害が60％を占め，次いで自閉症14％，学習障害，情緒障害及び注意欠陥多動性障害が7％となっている。また，通級の形態別では，他校通級が59％，自校通級が38％，巡回指導が3％となっている（図2－3参照）。

　通級による指導は，平成5年4月1日に施行された学校教育法施行規則の一部改正により法制化されたものである。これまでの児童生徒数の推移は図2－4のとおりである。平成5年度と平成20年度を比べると小学校では約4倍，中学校では約9倍に増えている。特に平成20年度は過去最大の増加幅を示した（小学校3,878人増，中学校567人増）。

3．通級指導教室の現状

(平成20年5月1日現在)

障害種別	小学校				中学校				合計			
	計	自校通級	他校通級	巡回指導	計	自校通級	他校通級	巡回指導	計	自校通級	他校通級	巡回指導
言語障害	29,635	11,110	17,838	687	225	76	129	20	29,860	11,186	17,967	707
自閉症	6,301	1,952	4,230	119	746	255	463	28	7,047	2,207	4,693	147
情緒障害	3,009	1,123	1,786	100	580	176	377	27	3,589	1,299	2,163	127
弱視	137	13	115	9	16	4	12	-	153	17	127	9
難聴	1,616	303	1,188	125	299	68	179	52	1,915	371	1,367	177
学習障害	3,149	2,095	970	84	533	351	135	47	3,682	2,446	1,105	131
注意欠陥多動性障害	3,087	1,371	1,615	101	319	151	158	10	3,406	1,522	1,773	111
肢体不自由	13	12	1	-	1	-	1	-	14	12	2	-
病弱・身体虚弱	9	1	8	-	10	5	5	-	19	6	13	-
計	46,956	17,980	27,751	1,225	2,729	1,086	1,459	184	49,685	19,066	29,210	1,409

※自校通級・他校通級・巡回指導のうち複数の方法で指導を受けている児童生徒は，該当するものすべてをカウントしている。

図2－3　通級による指導を受けている児童生徒数

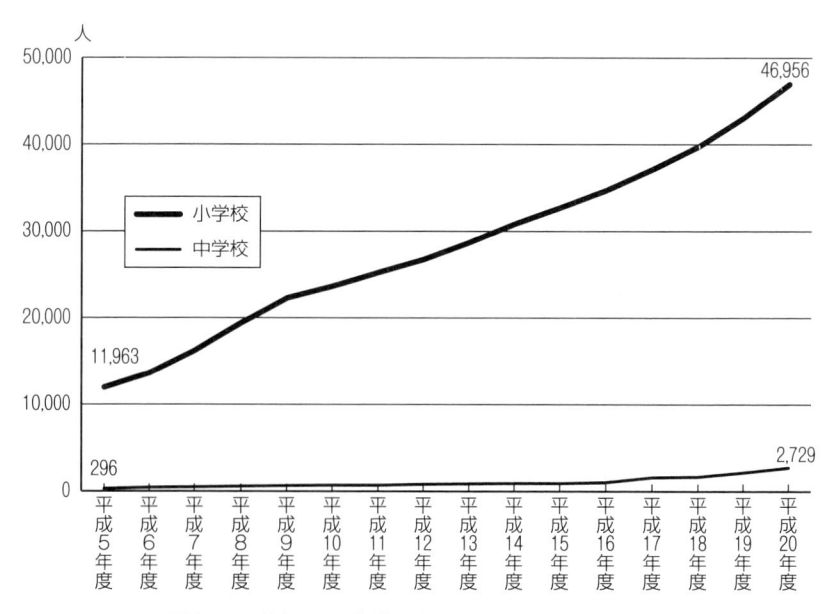

図2－4　通級による指導を受けている児童生徒数の推移

(2) 通級による指導の指導時間

　小・中学校全体では，週１単位時間が47％，２単位時間が36％で，この両者で全体の83％を占めている。小学校は週１～２単位時間が全体の85％を占めるが，中学校の場合は，週１～２単位時間が全体の53％で幅広く分布している。特に情緒障害の場合には，週９単位時間以上が31％を占めているのが特徴である。不登校への対応などが含まれていることがその要因と推察される。

(3) 通級による指導の担当教員

　平成20年度には，通級による指導を担当する教員の数は，小学校3,641人，中学校360人，特別支援学校84人となっており，合計4,085人であった。平成18年度からの３年間で，担当教員数は約20％増えている。担当教員１人当たりの担当児童生徒数は，平均すると12名程度である。また，複数の障害種別を担当している教員は全体の45％となっている。

(4) 通級指導教室設置学校数・教室数

　通級による指導の実施状況は，都道府県によって大きく異なっているのが現状であるが，全国的にみると，平成18年度から平成20年度までの３年間で，設置学校数が約20％，教室数が約28％増加している。

	平成18年度	平成19年度	平成20年度
設置学校数	1,871校	2,033校	2,263校
教室数	2,861教室	3,202教室	3,663教室

※　本稿に使用した数値等のデータは，文部科学省が実施している学校基本調査による。通級による指導については，「平成20年度通級による指導実施状況調査」によった。

（河村　久）

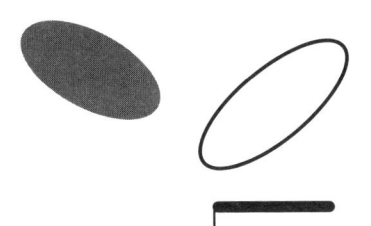

3章 学校経営における特別支援学級・通級指導教室の位置づけ

1. 小学校における位置づけ

(1) 特別支援学級
① 特別支援学級設置校としての学校経営方針

　東京都は知的障害特別支援学級の設置を各自治体において，概ね4～5校を基準として，その中の1校に特別支援学級を設置する拠点校方式をとっている。

　したがって，特別支援学級が設置されていないA校の学区域に居住している知的障害のある幼児は，就学期に知的障害特別支援学級が設置されているB校，あるいは他の設置校C校等を就学先の選択肢にすることになる。

　来春の就学に向けて，知的障害のある幼児のまさにニーズに対応した就学先を保護者と各自治体の就学指導委員会(名称は様々)は，A校を含めたB，C校を見学することになる。そこで設置校として大事なことは，いかに効率よく分かりやすく学級について保護者に理解してもらうかである。そのためには，学校という大きなくくりの中で1年1組から6年□組，それに特別支援学級がある中で，各学年・各児童に合わせた計画に従って教育活動がいかに展開されているかということと，どのような子どもを育てようとしているのかについて理解してもらうことが必要である。その根本基準となっているのが，校長の学校経営方針である。

　少なくとも特別支援学級が設置されている学校の経営方針には，必ず特別支援学級の存在を核とした方針や今後の特別支援教育の方向を視野に入れた方針を柱に位置づけ，明記することが大切である。

　学校経営方針に位置づけた一つの例を挙げてみる。

> 　本校に在籍する○○○名のすべての児童の健やかな成長は，我々の共通した使命であり，保護者の願い・期待でもある。これは，本校に在籍する全児童の指導を全教職員で行うことにより現実のものとなる。

本校は特別支援学級が設置されている学校である。拠点校方式をとる東京都では，未設置校の数が圧倒的に多い中，特別支援学級が設置されている本校では，教育活動の展開に幅を持たせることができる。通常学級と特別支援学級との交流・共同学習を通して，児童の相互理解，障害理解の場を意図的に計画することができることが設置校の利点でもある。《中略》
　実践的な交流・共同学習を通して，相互の自立に向けた教育活動を展開していかなければならない。これらの活動を地道に積み重ねていくことにより，人権感覚に対して敏感かつ行動力のある児童の育成につながる。あらゆる差別と偏見の払拭は，未だに社会全体の大きな課題でもある。小学校段階で体験的な活動を積極的に取り入れ，知識としても行動力としても，「共に生きる」という「ノーマライゼーション」の感覚の醸成に努めていく。《中略》
　今年度は各学年の児童の実態と学級の状況，学習の単元や内容を考慮するとともに，児童のニーズに応じて積極的に共同学習を推進していく。

　このような文言を校長の基本的な考え方として経営方針の中に位置づけ，教育課程を編成することが重要である。すなわち，教職員や保護者に学校が進もうとしている方向を明示し，共通理解を図ることである。

② 特別支援学級の教育課程と学校の教育課程
　次年度の教育課程を編成するに当たっては，学校の教育課程と特別支援学級の教育課程の整合性を図ることが必要である。その母体となっているのは，言うまでもなく教育基本法であり，学校教育法であり，その他の法令及び学習指導要領である。それらを基に編成した学校の教育課程をベースにして，特別支援学級の教育課程を学級の状況や在籍児童の実態から編成していくことになる。
　特別支援学級の教育課程を編成していく上で，児童の人間として調和のとれた育成を目指すことと，障害の状態や発達の段階，特性ならびに地域や学校の実態を十分考慮していくことが大切である。学校の教育課程と特別支援学級の教育課程との関係は以下のとおりである。
・学校の教育目標
　　特別支援学級の教育目標は学校の教育目標の次の項に設ける。
・学校の教育目標を達成するための基本方針

1．小学校における位置づけ

　複数ある基本方針のうち，特別支援学級の教育課程と学校の教育課程のいくつかの基本方針の柱に共通性を持たせる。
・指導の重点
　特別支援学級の教育課程においては，「自立活動」は単独に項立てするが，「各教科」「道徳」「特別活動」「総合的な学習の時間」「外国語活動」においては，極力交流及び共同学習の考え方と具体的な活動名を入れる。
　生活指導，進路指導も同じである。
・特色ある教育活動
　教科学習や学校行事はいうにおよばず，給食指導や清掃活動，休み時間の活動等の交流を意図的にプログラミングすることも重要である。
③　保護者の理解
　平成21年度は，学校教育法の一部が改正され，また特別支援教育が本格的にスタートして３年目に当たる。文部科学省による「通常の学級に在籍する特別な教育的支援を必要とする児童生徒に関する全国実態調査」の実施から足かけ８年になる。特別支援教育という理念に関する底辺の広がりは，大きな成果の一つである。すなわち，障害児を持つ保護者の，子どもの将来を見すえた自立と社会参加に対する考え方は以前にも増して幅が出てきたと感じている。
　しかし，インクルーシヴ教育の理念に基づくこれからの特別支援教育に対する考え方は三者三様である。通常の学級との交流及び共同学習に対しても，プラスの面よりマイナスの面を懸念する保護者の拭い去れない感覚は，校長として理解すべきである。その上で，学校経営方針に沿った今後の学校と各学級（特別支援学級を含む）の展開方針を語り，理解を得ることが，学校の信頼にもつながる極めて重要なこととなるのである。
④　通常の学級の児童と特別支援学級の児童の相互理解
　基本的な考え方として，決して一方通行にならないことである。ややもすると，「通常の学級の児童が特別支援学級の児童に」とか，「○○をしてあげる」などの感覚に陥りやすい。しかし，これでは本来の交流及び共同学習から逸脱している。あくまでも対等な立場で，相互乗り入れが必要である。この対等感

がなければ，いくら時間をかけようがインクルージョンの精神はお互いの心に芽生えることはない。

　そのために校長は，機会をみては特別支援学級の行事のことや，その行事に真剣に取り組んでいる児童の様子を，全校朝会等で全校児童に向けて話すことが大切である。その際，特別支援学級の代表の児童が自分たちの取組状況や現在の心境等を発表することも大事なことであり，またそれを聞いた通常の学級の児童がおのおの感想を持つことは，「相手のことを理解する」という意味で，重要視し評価しなければならないことである。そのようなことから，全校朝会のスケジュールの中に児童が意志を表明する児童参加型の朝会を企画することは重要なことである。

⑤　校内体制の整備と機能の充実

　校内の支援体制を確立するに当たっては，系統的な支援を行うための組織とシステムを構築する必要がある。すなわち，特別支援学級及び通常の学級に在籍する特別な支援を必要とする児童への支援体制の構築及び指導内容の充実を図るために，学校全体で支援する体制を整備することが重要である。

　また，校務分掌に位置づけ，校内の関係者や外部の関係機関との連携・調整や保護者との連絡窓口の任を担うコーディネーターは，極めて重要なポストである。現段階では，その役割や業務内容が多岐にわたっていることもあり，校内事情の許す限り複数名の指名が妥当である。

⑥　地域社会全体の中でノーマライゼーションの理念の定着

　ノーマライゼーションの理念，すなわち，障害のある人も障害のない人も同じように社会の一員として生活することができる社会の実現をさらに確かなものにしていくためには，関係者だけでなく地域社会全体の障害に対する理解が不可欠である。各関係機関が適切な支援体制を構築したとしても，社会への適合のハードルが高い障害児にとっては，この社会での生活のしづらさに変わりはない。特別支援学級に在籍している児童を地域社会全体が温かく見守ることができるよう，学校だよりや町会，育成会等あらゆる機会を最大限に活用し，障害への理解を進める啓発活動の展開がますます重要になる。　　（河本　眞一）

1．小学校における位置づけ

(2) 通級指導教室
① 学校経営における通級指導教室の位置づけ
ア　学校経営計画に位置づける

　通級指導教室は，他校から通級してくるなど地域の特別支援教育のセンター的な役割もあるが，基本的には小学校内に設置してあるので，校内の一つの学級（教室）としての性格もある。そこで，設置校の学校経営計画の中に，通級指導教室の目標をきちんと位置づける必要がある。例えば，「情緒障害通級指導教室では，発達障害である自閉症などの子どもについては，言語の理解と使用や，場に応じた適切な行動などができるようにすることを目標とし，心理的な要因による選択性かん黙などがある子どもについては，安心できる雰囲気の中で情緒の安定を図ることを目標とする」などと明確にしておくことが大切である。

イ　校務分掌に位置づける

　通級指導教室の担当教員は，通常の学級の教員との連携を重視していくことが大事である。通級指導教室の教育課程を実施していくには，時間割，使用施設，学校行事などの調整が必要になってくるからである。そのためには，通級指導教室の担当教員（主任）が企画委員会の構成員になることであり，複数の担当教員がいれば，教育相談や校内委員会などの他の分掌に加わることが大事である。

ウ　障害のある児童の理解啓発を図る

　校長及び教職員は折にふれて，通級指導教室の子どものことを話題にして，障害のある子どもたちが，がんばっているところ，願っているところ，このように接してもらいたいと思っていることなどを通常の学級の子どもたち，保護者，地域の人たちに理解してもらうように働きかけることが重要である。

② 通級指導教室と通常の学級との連携

　通級による指導は，通常の学級に在籍している言語障害，自閉症，情緒障害，弱視，難聴，学習障害，注意欠陥多動性障害などの障害のある児童が，「通常の学級での学習におおむね参加でき，一部特別な指導を必要とする程度のも

の」を対象としている。したがって，校内に通級指導教室が設置してある場合は，校内通級という形で，通級指導教室を活用しやすい利点がある。一方，他校に設置してある通級指導教室に通う場合は，児童の安全面の確保や児童によっては保護者の付き添いが必要になったりするなどの負担が生ずることになる。

　いずれにしても，通常の学級の指導だけでは十分な教育が受けられない児童が，通級指導教室において特別な指導を受けることにより，通常の学級における学習及び生活上の困難が克服・軽減されることがねらいである。

　例えば，通常の学級で，教師の指示に従えない，教室から飛び出してしまう，友だちとのトラブルが絶えないなどの状態の＜注意欠陥多動性障害＞の児童が，週に2回8時間程度の通級による指導を受けることにより，通常の学級においても，落ち着いて授業が受けられるようになるなどの例がある。

　他の保護者からの苦情への対応，校内の教員の支援体制の構築，児童同士のトラブルの減少など，学校経営の視点からも，通級指導教室と連携して行う教育は大事である。

③　校内のリソースルームとして児童の支援を

　校内に通級指導教室が設置してある場合は，校内通級という形で，通級指導教室を利用しやすいことは先に述べたが，正式に通級という形をとれない場合もある。よくあるのは，保護者の理解が得られない場合である。保護者の方にも，いろいろな事情があることは後で分かったりするのだが，当面，児童の指導に通級指導教室の担当者の力を借りて対応することもある。

　例えば，不登校傾向の児童で，教室には入れないのだが休み時間になると通級指導教室のプレイルームで遊んだ経験があり，その後，たびたび通級指導教室をのぞきに来ていた。そこで，保護者を説得し，通級指導教室の担当者とも話を詰めて，一時的にその児童を通級指導教室で預かることにした。学習そのものは個別に指導すれば，マンツーマンでなくてもできるので，他の児童のアシスタント役をしたりしてもらった。自信を持ち始めたこの児童は，数か月後に通常の学級に復帰したのである。

　このように一時的に預かることは，教員数と児童数に余裕がないとできない

ことであるが，校内にある通級指導教室がいわば＜リソースルーム＞的な役割を果たすことで，教室復帰が可能になったと考えられる。実際には，＜教育相談＞という形でサービスを行っている教室は多くあるが，担当者の善意と熱意だけに頼らず，システムとして確立していく必要がある。

④ 通級指導教室の担当教員による巡回指導──地域のセンター的機能

　通級による指導の形態の一つに「巡回指導」がある。これは，教員が本務となる学校以外の学校において通級による指導を行う場合で，当該教員の身分的取扱いを明確にしておく必要がある。具体的には，複数校兼務の発令を行ったり，非常勤講師の任命を行ったりすることになる。

　巡回指導のメリットは，児童の通級に要する時間や安全面の配慮を軽減できる点である。また，保護者からすると，自校で指導を受けられるので，通級にともなう付き添いがいらなくなる。

　一部の区市町村では，弱視学級の担当教員が巡回指導を行ったり，島しょの情緒障害学級の教員が学校に出向いて別室で指導する場合がある。弱視学級の場合は，児童の視覚障害に配慮して，通級ではなく教師による巡回という形をとった例であり，島しょの場合は，交通機関が十分に整備されておらず，教師が乗り物を使用して移動した方が効率的という事情によるものである。いずれも，児童中心に考えた形態といえる。デメリットとしては，対象児の学校に，それなりの施設・設備，教材・教具が必要になることと，それらの移動・携行には制限があることである。また，指導時数の確保という点からすると，教師が移動に要する時間だけ指導時間が少なくなることである。

⑤ 通級指導教室の担当教員に期待される役割

　ア　相談にのる

　　特別支援教育が始まってから，通常の学級に様々な障害のある児童が在籍することが明らかになり，通常の学級の担任はその児童の理解と指導に苦慮している事例が増えたと考えられる。そこで，校内に通級指導教室がある場合は，障害の理解や対応について，通級指導教室の担当教員には，通常の学級の担任の相談にのってもらいたいのである。もちろん，障害の種別が違う

ということもあるかもしれないし，個別の指導計画の立て方についても，障害によって異なることがあるかもしれない。しかし，通常の学級の教員がゼロからスタートして障害の理解や対応について学習を始めることからみれば，通級指導教室の担当教員は，はるか先を歩いているのである。

イ　通級指導教室の財産を分けてもらう

　通級指導教室には，個別指導あるいは小集団指導の教材・教具や指導のノウハウが蓄積されている。こうした財産は，通常の学級における指導にも生かせるものが多い。教員同士の交流も積極的に行い，通級指導教室を訪れて，通常の学級に活かせる指導のヒントを得る機会をつくることも大事である。

　ときには教材・教具の貸し出しも可能であろう。自閉症の児童が，通常の学級で落ち着かなかったときに，通級指導教室にあった手芸に関心を示したので取り入れたところ，非常に落ち着いて取り組んだのを見て，「手芸の道具を一式，貸してもらえないか」ということになった。通常の学級で不安定になったときに，この児童に手芸道具を与えると落ち着きを取り戻すことが分かり，指導の小道具の「引き出し」が一つ増えたという事例があった。

ウ　学習のつまずきの解明に協力を

　「学習支援センター」の役割を通級指導教室に期待したいところである。学習につまずく子どもたちの，つまずきの原因を解明し，その手立てをともに考える場である。諸検査ができる教員がいればその力も借りたい。それらの結果を，「個別の指導計画」や「個別の教育支援計画」に活かすことになる。

　そのためには通級指導教室の担当者には，それなりの経験と研修が必要であり，専門性の向上が求められる。実態としては，通級指導教室の担当教員にも若い教員が増えており，すぐにこうしたことを期待されても応えられないかもしれないが，必ずや将来の自分の基礎力になるので，努力を期待するところである。

（砥柄　敬三）

2. 中学校における位置づけ

(1) 特別支援学級
① 信頼される学級・学校

　特別支援学級はどうあるべきか。学校経営という視点に立って考えてみると，教育課程の編成をはじめ，多くの検討事項や確認事項がみえてくる。学校に特別支援学級が設置されるということは，障害のある生徒が教育活動を実践しているということと，新年度，入級する生徒が見込まれるということである(学校教育法81条)。

　では，特別支援学級とはどうあるべきか。保護者や地域から信頼される特別支援学級とは，どのような学級なのか。また，生徒が学校に通う喜びとは何か。そこには，生徒一人一人の喜びがあるはずである。学習活動を通して自分自身の成長が伝わることに喜びを感ずる生徒もいる(学ぶ喜び)。気の合う友だちと遊びや生活を通して共感することに喜びを感じる生徒もいる(共感の喜び)。担任の先生に会える喜びを感じる生徒等々，学校には通う喜び(成就感)がなければならない。教科学習や日常生活，学校行事に生徒会活動，さらには放課後の部活動等，自分自身の存在感と認知される場面や場所が学校には必要である。

　だが，学校の現況は教育計画をはじめ行事の計画等，大勢の生徒を対象として考えるために，個人を十分に満足させる状況にないのが現実である。その結果，ややもすると学校不適応生徒や学校不良生徒等，学校生活への不適応のある生徒がいることも事実である。このことは特別支援学級，通常の学級に共通する課題である。

　そこで，このような状況を鑑みるに，教育の現場として重要であり備えるべき要件として見えてくるのが，「個別の指導計画」であり「個別の教育支援計画」である。

では,「個別の指導計画」と「個別の教育支援計画」はどのような違いがあるのだろうか。「個別の指導計画」は生徒一人一人の障害の状態に応じたきめ細やかな指導が行えるよう，学校の指導における個別の指導目標や指導内容，方法をまとめたものである。これに対して「個別の教育支援計画」は幼児から学校卒業まで長期的な視点を持って支援の方法や内容をまとめたものである。その際,「個別の教育支援計画」は教育のみならず，福祉，医療，労働など様々な面から，個人の障害に配慮しつつ計画を立案するものであり，関係機関との連携，協力が大切である。

　さて,「信頼される学級・学校」の定義に戻すことにする。信頼される学級・学校とは，どのような学級・学校なのか。保護者の立場に立ってみるならば，わが子の「学級での存在性」である。よい学級・学校は，わが子が楽しくいきいきと通う学級・学校である。帰宅後，子どもに笑顔があり，充実感が子どもから感じ取れる学級・学校ではないだろうか。子どもが学級・学校の生活で満足することは，親にとって最高の願いである。教師の指導は，それほどまでに高尚なものでなくてはならない。

② 学校経営と特別支援教育

　特別支援学級における特別支援教育とは，学級に在籍する障害のある生徒一人一人の教育的ニーズに応じた指導を展開することである。生徒には，そのニーズに応じた指導を通して，その個人が現代社会の中で，一人の人間として，よりよく生きようとする「生きる力」を身に付けさせることである。

　状況対応能力や人間関係に関わる人的対応能力等，社会性を身に付けることは，生きる力の基盤となるものである。

　さて，すべての教師が教育的ニーズに応じた指導を展開するためには，生徒一人一人の障害の状況や状態，その他必要なことがらを理解し，把握することがまずもって大切なことである。教師が生徒を理解し，把握することは適切な授業展開を図る手だてとなるものであり,「個別の指導計画」の作成へとつながるものである。

　教師の指導を通して，生徒自身が集団や社会の一員としての存在性を高め,

自己実現の力を培うことは，生活自立の向上や学力の向上など社会的自立に向けて段階的に進展していくことでもある。

中学生という多感なこの時期に，充実した学校生活を通して自分自身に関すること，自分と他人との関わりに関すること，自分と自然や崇高なものとの関わりに関すること，自分と集団や社会との関わりに関することなど，広く自分との関わりを学び考える力を養うことは，まさに自己の「生きる力」となり得るものである(生きる力の育成)。

この「生きる力」は，学ぶことへの思考的な関心・意欲，表現，態度であり，学級・学校で明るく元気に楽しく生活する原動力である。人は障害の有無に関わらず，生きていく努力こそが社会の成員としての存在性であり，社会貢献であることを教えたい。このように学校経営とは，生徒の自尊感情を高め，学校生活における意欲，関心，態度を養い育てることである。自らの役割に責任を持つこと，果たすことは自尊心や自己の存在性を高めるものである(向上心の育成)。

③ 学校経営の基本

学校経営の基本は，校長の経営方針を明確に示すことである。経営の柱である教育の原理原則はもとより，教師一人一人の専門性や内在している資質を引き出すことが経営の要であり，校長の使命である。

「生徒は教師を選べない」。だからこそ校長は教員を育てることが大事な仕事なのである。教育委員会との連携，地域との関係協力など多くのことが重なるが，校長の学校経営の要は，教師のやる気を引き出し，資質や専門性を高めることである。

次に，校長がよりよく学校経営を進めるためには「組織を生かす」ことである。教師のやる気は，その教員の責任と存在性を明確にすることである。また，組織を活性化するためには，主任・主幹が学校運営の中核となれるよう役割を明確にし，権限と運営力を認めることである。このことは人材育成の視点から校長の大きな役割でもある(権限の移譲)。

学校経営の視点からみる特別支援学級のあり方であるが，まずもって大切な

ことは，信頼される教員の配置である。保護者から信頼される教員，生徒から喜ばれる先生が担任であること。担任には広い見識と専門性とを兼ね備え，生徒のよさを引き出す質の高い教員をもって配置することが，校長の校内人事である。

　さらに，特別支援学級の指導を担任に任せるだけではなく，コーディネーター，臨床心理士，主幹とともに「個別の指導計画」を基に指導技術や教材教具，さらには自立活動の計画や教科学習の内容まで，多面的な見直し確認を進めることが，「個別の指導計画」の活用に結びつくものである。

　特別支援学級は，ときとして安全管理や障害の程度に応じた教育指導が先行しがちであるが，一人の生徒の人格形成を図るためには，教育計画の確認，教室の環境整備，進路指導，生活単元学習の見直しなど，常に「個別の指導計画」に合わせて進めなければならない。「個別の指導計画」は，日常の生徒の成長と保護者の願いや理解，さらには医師や臨床心理士などの専門家からの助言が反映されるとともに，成長の変化に合わせて変更をしていくものでもある。

　「校長が代われば学級が変わる」といわれるように，校長は，教師を育て，生徒の教育を高め，さらには保護者，地域社会から信頼される学校づくりを進めることが使命であり，そのことは学校経営の基本である。

（瀧島　順一）

(2)　通級指導教室
①　独立性と共通性のバランスをとる

　通級指導教室が併設された学校を運営するに当たっては，圧倒的に多数派である通常の学級とのバランスをとることが求められる。通級している生徒の多くが心因的な学校不適応の状態にあるため，通常の学級と通級指導教室の生徒相互の接触がないようにすることが望ましいが，校舎の構造上不可能な場合もある。このような場合には，登下校の時間帯をずらしたり，授業の時間をずらしたりして，教室移動時に通常の学級の生徒との接触が少ないように十分配慮した教育課程を編成する必要がある。

基本的には，校内に特別支援学級が併設されている場合，ノーマライゼーションの観点から，できるだけ通常の学級との交流を深めることが求められるが，不登校生徒を対象とした通級指導教室においては逆で，接触がないような工夫が必要である。しかし，教育内容や質を低下させないためには，体育館や特別教室を共通に使用することも大切で，通常の学級からの独立性と共通性のバランスをとった学校経営が求められる。その際，特に注意したいのは，教職員の意識である。ともすると通級指導教室の職員は，学校から分離した別の仕事をしているかのようになりがちであるが，朝の打ち合わせや職員会議，校内研修など同じ学校の職員として一体となった活動をするよう配慮しなければならない。

② 　安心できる環境設定をする

　通級指導教室の経営に当たっては，まず第一に生徒たちが安心して通級できる環境を整えることが重要である。多くの通級指導教室では昇降口をはじめとした生活スペースが通常の学級とは別になっていることが多いが，教室内でも人間関係に疲れた生徒が一人になって安心できるような場所を工夫する必要がある。また，人的な環境も重要で，担当する教員はもちろんのこと，授業を参観するために管理職が教室に入るようなときには，生徒がプレッシャーやストレスを感じることのないよう，できるだけ自然な感じで関わるように配慮することが大切である。

③ 　体験活動を重視する

　不登校傾向を示す生徒に共通して見られる傾向として，実体験の不足を挙げることができる。不登校となった原因は様々であるが，不登校は学校ばかりでなくその生徒の行動範囲を狭めることになり，屋外での生活体験や遊びの体験，自然体験，社会的な体験など実際の場で身体を通して行う実体験が極めて少なくなる傾向が強い。そのため通級指導教室の運営に当たっては，カリキュラムの中で意図的計画的に体験活動を取り入れた学習形態を工夫し，生育過程における体験不足を補完するとともに，一人一人の生徒が体験を通した達成感や成就感を味わいながら，自信を深められるようにすることが大切である。

具体的には，実技教科の時間を充実させ，絵画制作や工芸，楽器の演奏，合唱，ボールゲームなどの集団競技，調理実習など体験をともなった学習を十分に行うとともに，校外学習や宿泊をともなう移動教室などを定期的に行い，段階的に社会生活への適応を図るように配慮する。

④　人間関係調整力の構築

　通級指導教室に通う生徒たちにとって最終的に目指すものは人間関係の調整能力である。通常の発達において人間関係調整力は，母子の強い信頼関係から家族へ，そして身近な子ども集団へと発展拡大しながら形成されるものであるが，その過程でつまずいた生徒たちにとっては個々に受け入れられる条件から再構築を目指すことになる。そのため，通級指導教室の中にあっても，教師と個別にしか関われない生徒や特定の小集団のみの生徒など，関わり方の差が様々に出てくる。学級内のスタッフはミーティングなどにより共通理解を図りながら，一人一人の生徒がそれぞれの人間関係調整力を高めることができるよう，細やかな観察と的確な配慮がなされるように心がける必要がある。

（永関　和雄）

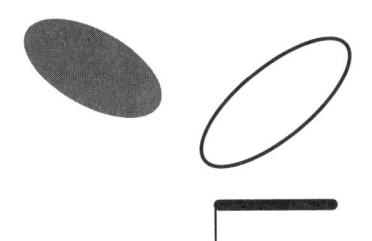

4章 特別支援学級・通級指導教室の教育課程の編成

1. 小学校教育課程の編成

(1) 特別支援学級

① 編成に当たって

　教育課程を編成する際，最初に「教育目標」に関して内容を検討していく必要がある。次にそれに基づき「指導の重点」「特色ある教育活動」の検討をしていく。これらを基にして具体的に教育課程の教科・領域の編成などを行うというように，中心から具体へと進んでいくが，その際配慮すべきことや，どのような手順や時間の流れでつくっていくかということも考えなければならない。その作業を順次詳しくみていきたい。

② 教育目標に関すること

　特別支援学級の教育目標は，設置小学校の教育目標に基づいて設定される。小学校に併設されており，普段から交流し，ともに歩んでいくのであるから当然のことである。学校の教育目標は毎年変わるわけではないが，どの項目を重点にするかということなどは校長の学校経営方針によって変わってくることもあるので，その趣旨に合わせていかなければならない。

　特別支援学級の教育目標は設置小学校の教育目標の項目に合わせ，それを特別支援学級の児童の実態や特性と照らし合わせて，日々の教育活動の指針になるような内容にしていきたい。

③ 教育目標を達成するための基本方針，指導の重点，特色ある教育活動

　この項目は，その時代や年度で力を入れて取り組むことや学校の特色，学級の伝統的な取組などが示されるところであり，設置小学校の教育課程との整合性を保ちながら，学級担任同士が十分に話し合ってつくりあげる。通常の学級との交流及び共同学習をどのように行っていくかということも大切で，校内の教職員の共通理解が必要になってくる。また，キャリア教育の推進等では，地

域の施設や人材の活用など地域と連携していく姿勢が求められる。近年相当数入級する発達障害の児童に対する指導の配慮事項なども記しておく必要がある。

④ 教科・領域等の編成に当たって

まず，授業日数や授業時数は通常の学級に合わせる。次に上記のような方針に基づいて，具体的に教科や授業時数を考えていく。その際，どの学習指導要領を基準にしていくかということを明確にする必要がある。特別支援学級が依拠できる学習指導要領は，小学校のものと，特別支援学校（知的障害）のものがある。どちらにするかは児童の実態による。

そこで，両者の学習指導要領について確認しておく。

小学校学習指導要領	各教科	国語,社会,算数,理科,生活,音楽,図画工作,家庭,体育
	領域	道徳，外国語活動，特別活動
	総合的な学習の時間	
知的障害特別支援学校の各教科	各教科	生活，国語，算数，音楽，図画工作，体育
	領域	道徳，特別活動，自立活動
	領域・教科を合わせた指導	日常生活の指導，遊びの指導，生活単元学習

本校の学級の場合は，近年小学校で不適応状態になった発達障害の児童もかなり増えてきたが，基本的には中度の知的障害の児童が多数を占めるので，「領域・教科を合わせた指導」などを行える特別支援学校（知的障害）の教育課程を基にして編成している。

次は具体的に教科・領域をどう編成し，時間数をどのように設定するかということになるが，まずその年度の教育課程で，教科・領域の内容や費やした授業時数を振り返り，不都合なところがあれば修正していく必要がある。さらに，次年度変更する指導の重点や特色ある教育活動，学級の伝統なども下敷きとなる。本校の特別支援学級では次のような形で編成している。

1．小学校教育課程の編成

教科・領域等	学習内容	各学年の時数（週時数）					
		1年	2年	3年	4年	5年	6年
生活	生活科・理科，社会科的なもの	2時間					
国語	聞く，話す，読む，書く，文章理解	3時間			4時間		
算数	数量の基礎概念，数と計算，図形等	3時間					
音楽	歌唱，合奏，身体表現	3時間					
図画工作	絵画，工作，粘土，木工	2時間					
体育	体操，短距離走，持久走，ボール運動，器械運動，水泳，ゲーム	4時間					
道徳・学活	道徳，学級会など	1時間					
自立活動	心理的な安定，身体の動き，コミュニケーション	1時間					
日常生活の指導	身辺処理，健康安全，意思の伝達等	2時間			1.5時間		
遊びの指導	昔遊び，童歌，ゲーム等	0.5時間					
生活単元学習	若竹カレンダー製作，野菜栽培体験，手芸，調理実習，英語体験活動等	3時間		4時間		5時間	
総合的な学習の時間	宿泊学習の事前・事後学習，地域や環境についての学習，作業所等との交流等			2時間			
総授業時数		833	887	962	997	997	997

図4－1　特別支援学級での教育課程編成例

　本学級の場合は，伝統的に体作りや手指の操作性を高めるということに重点をおいているため，体育の時間や生活単元学習の時間を多く取っている。同時に，発達障害児の増加や保護者・地域社会の要請なども考慮して，国語・算数などの基礎的な学力も伸ばしていくという姿勢も明確にしている。それらを総合して上記のような編成をしている。また，特別支援学級の場合，学級編成が複式学級的になっている場合も多いが，学年により授業時数が違ってくるので，時間割構成を工夫することも重要である。さらに，まだそれほど多くはないが，特定の教科の授業を，通常の学級で受けることを保護者が希望する場合もあるので，個別的にはそのような対応も取れるようにしておく必要がある。

⑤ 教育課程編成の手順・流れ

　次年度の教育課程編成作業は２学期の後半から行う。その時期は設置小学校の学校評価の時期と重なる。学校評価に特別支援学級の評価も入れることが望ましいので，全体の学校評価の項目に特別支援教育の項目も入れて，教職員全体の意見が反映されるようにしておくとよい。まず特別支援学級の教育目標から反省し，改善すべきところがあれば改善の方向性を出しておく。次に指導の重点や特色ある教育活動から，行事などまで検討していく。授業時数も適切に確保できたかどうか，月ごとの集計に基づき各教科の時数や総時数を確認する。

　反省の作業が終わったら，次は新年度計画に移る。

　行政的には毎年１月頃に新年度の教育課程に関する教育委員会の説明会が行われるので，そこで教育委員会の方針などを確認する必要がある。その上で校長の新年度への学校経営方針が示されるので，それに基づき新年度の教育課程を組み立て，肉づけしていくことになる。その際，上記の反省を十分活かしていきたい。新年度計画の中でも，特に行事予定は，通常の学級の行事予定と慎重に付き合わせていく必要がある。まず学級の宿泊学習や交流行事と通常の学級の行事が重なっていないか確認する。また社会科見学には特別支援学級も該当学年で参加しているので，その日程も確認しておかなければならない。校外行事の場合，管理職も引率するので，行事が重ならないようにすることも大切である。

　日程的には，３月初めに素案を教育委員会に提出し，指導・助言を受け再検討した後，３月末に正式に提出し受理されるのを待って，４月新年度から新しい教育課程で教育活動を行っていくことになる。

　なお，学級編制や児童の障害などをまとめた関連資料は，５月に入って学級規模が確定してから作成し提出する。

　　　　　　　　　　　　　　　　　　　　　　　　　　　　（富田　速人）

(2) 通級指導教室
① 特別の教育課程

　小・中学校で通級による指導を行う場合には，学校教育法施行規則第140条により特別な教育課程によることができるとされている。

　特別な教育課程は，児童生徒の障害に応じた特別の指導を小・中学校の教育課程に加えたり，その一部に替えたりすることができる。

　通級はおおむね週8単位時間までの指導であるが，全部放課後の指導に設定すると児童生徒の負担が大きすぎてしまう。標準的な授業時数から考えて通級の指導時間が長くなる場合には，在籍校の一部の授業に替えて通級の授業を行う。その方が効果的な指導が行えることになる。

　他校で通級の指導を受けた場合にも，在籍校の特別の教育課程にかかわる授業とみなすことができる。

② 特別な教育課程の内容

　通級における特別な教育課程の内容とは「自立活動」と「各教科の補充指導」をさしている。

　通級の指導では，自立活動を行うことが原則であり，特に必要があるときに，障害の状態に応じた教科の補充指導を行うことになる。

　自立活動とは，障害による学習上や生活上の困難を主体的に改善または克服をするための指導である。これは特別支援学校における自立活動の目標であり，これを参考にして指導項目を児童の実態に合わせて選んでいく。また，指導項目と指導項目を関連させて指導していくこともある。

　平成21年3月改訂の学習指導要領では，自立活動は，「健康の保持」「心理的な安定」「人間関係の形成」「環境の把握」「身体の動き」「コミュニケーション」の六つの区分の下に26項目が示されている。

　教科の補充指導は，児童の障害の実態に応じた特別の補充の指導で，障害にともなう定着の難しい教科を補充するということである。通常の学級で行う教科指導を単に個別で行うということではない。

　例えば，LDで漢字を覚えられない場合，通常の学級の漢字学習と同じよう

に何字も練習させるということではなく、偏やつくりに注目させる指導やパソコンで書き順を認識させやすくする指導など、本人の学びやすい方法を探っていくことが考えられる。

そのような指導で自分の特性に気付き、自分に合った漢字の勉強の仕方を理解して自信を深めたり、できにくい部分は助けを要求してもよいことなどを、その子の実態に応じて学習させる。

予習的な課題を通級で組むことで、通常の学級で抵抗感の強かった教科の授業参加がしやすくなる場合もある。

③　個別の指導計画

一人一人の実態に合わせて行う指導が通級による指導である。指導を効果的に行うには、個別の指導計画を立てることが必要である。それを基に指導を展開していくことになる。

子どもの実態や特性を把握し、指導する課題を設定する。一人一人の状態像がかなり違うので、発達段階や障害の程度に応じた、一人一人に合わせた指導計画が求められる。

通級は短い時間であるため、意図的に、計画的に、内容をしぼって指導していくことになる。

④　個別指導と小集団指導

一人一人の障害に応じた指導を行うので個別指導が基本になる。個別指導は子どもが認められ、受け入れてもらえる場面をつくりやすい。自分のペースで教えてもらえるので安心できる。分からないことを聞いたり教えてもらったりする中で、成功体験を積むことができる。

個別指導が基本であるが、小集団指導が有効な子どもたちもいる。小集団指導の中で、集団での学習のやり方を学んだり、ルールを理解したり、個別で学んだことの応用として一般化・練習・定着等を行ったりする。

子どもの実態に応じて個別指導に小集団指導をあわせて実施していくことになる。

⑤ 通級時数

　通級の時数は，子どもの障害の程度や在籍学級での状態によって決定される。個別指導に小集団指導を併用した方が効果があると思われる場合は4時間指導，個別指導のみの子は午後2時間指導というようにである。LD等の場合，月1回の通級も認められ，通級時間は弾力的に組めるようになっている。

　また，一年間同じ曜日，時間に通うことになると，全く受けられない教科が出てくることは問題がある。在籍学級での時間割作成の際に配慮が必要になる。

　行動上の問題が大きい子どもは，短い通級時間では対応が難しい。様々な学習場面で個別的な指導を積み上げていくことで改善が図られる可能性が強い。

⑥ 児童の実態把握と指導項目

　児童の実態把握には，心理検査の結果や児童観察，保護者からの聞き取りなどの資料を基にするが，指導しながら見えてくることも多い。実行し，評価し，変更を考えていく。

　通級児は偏りを抱えていることが多い。そのため，苦手なことへの抵抗感を持ちやすい。長所に着目した指導を行い，意欲的に主体的に取り組めるような課題設定が求められる。

　また，興味関心が狭かったり，特定のものだったりすることもある。上手に興味関心の高いものを教材に使用し，指導にのりやすくしていく。

⑦ 指導上のポイント

　情報処理の仕方についても一人一人に違いがある。書いて示す方が入りやすい子もいるし，言葉で詳しく説明した方が分かりやすい子もいる。そういう特性を指導者側が捉えたり，場合によっては本人に自覚させることが大事である。

　視覚的な提示をすると指示理解がしやすい子も多い。どのように示せば情報が入りやすいかを一人一人について把握し，コンピュータの活用や視聴覚機器等の教材を使うなどの方法を一人一人に合わせて行い，指導していく。

⑧ 在籍学級との連携

　通級はおおむね週8単位時間までの指導であるため，目標をしぼって重点的に取り組む必要がある。効果を上げるためには，在籍学級との指導の連続性に

ついて考えていく必要がある。そのための連携や情報交換が大事である。

　通常の学級への訪問（見学，話し合い）を定期的に組み，時間設定していく。通常の学級でどんな状態なのか授業参観したり，学級担任の意見を聞いたりすることが参考になる。

　個別で対応していることが多い通級の担任にとって，違った視点からの情報が入るので，通級の内容を設定する際の参考としていく。

　反対に，学級担任が指導上困っていることがあれば取り組ませやすい方法を提案したり，一緒に考えたりすることができる。それぞれの場での視点を生かして一人の児童の指導を考えていくことが連携になる。

　通級児は学級の環境によって状態像がかなり違ってくる場合が多い。そのことも通級担任としては理解して，子どもの周囲を取りまく人的環境，物的環境を整える，という観点での連携も考えていかなければならない。

　特別支援教育では学校全体で子どもの指導を考えていく方向にあるので，担任だけでなくその子を取りまく専科や養護教諭，管理職，もちろん特別支援教育コーディネーター，スクールカウンセラー，特別支援教育支援員などとも話し合いが持てると，その子の学びやすい環境を整えることにもなる。もちろん校内委員会を活用していくことも考えられる。

⑨　保護者との連携，協力

　保護者との連携も欠かせない。保護者の悩みを聞き，安心して相談できる場にしていくことで，子どもも安定してくる。また，子どもの成長を一貫して見守っていく役割は保護者にあるので，情報を提供し一緒に考えていく。

　通級担任は，個別で対応しているという特殊性もあって，保護者は相談しやすい場合が多い。保護者の思いを受け止める場でありたい。

（長谷川　安佐子）

2. 中学校教育課程の編成

(1) 特別支援学級
① 中学校の教育課程との連続性

　中学校の特別支援学級の教育課程は，中学校学習指導要領に準じて編成する。中学校学習指導要領（平成20年3月告示）の総則には，指導計画の作成等に当たって配慮すべき事項として，「(8)障害のある生徒などについては，特別支援学校等の助言又は援助を活用しつつ，例えば指導についての計画又は家庭や医療，福祉等の業務を行う関係機関と連携した支援のための計画を個別に作成することなどにより，個々の生徒の障害の状態等に応じた指導内容や指導方法の工夫を計画的，組織的に行うこと。特に，特別支援学級又は通級による指導については，教師間の連携に努め，効果的な指導を行うこと」「(14)…家庭や地域社会との連携を深めること。また，中学校間や小学校，高等学校及び特別支援学校などとの間の連携や交流を図るとともに，障害のある幼児児童生徒との交流及び共同学習や高齢者などとの交流の機会を設けること」とある。
　校内の特別支援教育体制における特別支援学級の役割や位置づけを明確にし，通常の学級との連続性や教師間の支援の連携に努め，教育課程を編成する。

② 教育課程編成の実際
　ア　学校の教育目標と学級教育目標の設定

　教育課程編成に当たっては，学校経営方針，学校や地域の特性を踏まえ，学校教育目標と特別支援学級の教育目標との関連づけを行う。生徒の障害特性や学習状況，課題，本人・教師・保護者の願いを把握し，特別支援学級で願う生徒像を明らかにする。「特別支援学級ならでは」の生活と通常の学級と共有する生活が無理なく組み立てられ，生徒の支援ニーズに応じた学校生活が展開される教育課程の編成に努める。

イ　学級の基本的な週時間割の作成

　学級目標，経営方針を具体化するのは，一日一週間の基本的な時間割の作成である。特別支援学級で願う生徒像の実現のため，各教科等の時数や曜日ごとの配置を考える。なお，授業時数は，通常の学級と同様に学年の総授業時数に準じる。特に，必要な教科の名称，目標，内容は，各学校で適切に定めることができ，特別支援学級の生活を生徒に分かりやすい名称にする工夫を行う。

	月	火	水	木	金
1	日常生活の指導（係活動，日課表作成等） / 保健体育（ランニング，身体の清潔等）					
2	国語／数学／英語（個別課題学習）				
3	作業学習　／　生活単元学習				
4	作業学習　／　生活単元学習				
5	道徳／学活○	国語・数学	総合的な学習の時間○	国語／数学／英語（個別課題学習）	
6		日常生活の指導		日常生活の指導	
7			学活○	週29時間	

○は，交流及び共同学習。ただし，内容により特別支援学級での学習に切り替える。

図4-2　知的障害特別支援学級の基本的な時間割例

	月	火	水	木	金
1					
2		各学年，学級の時間割に沿った教科の学習を行う。 ただし，合科等で単元化した学習に切り替える場合がある。 また，題材や単元の内容により交流及び共同学習を行う。			
3						
4					
5	自立活動		総合的な学習の時間○	自立活動	
6		道徳／学活○		学活○	
7			自立活動	週29時間	

○は，交流及び共同学習。ただし，内容により特別支援学級での学習に切り替える。

図4-3　自閉症・情緒障害特別支援学級の基本的な時間割例

ウ 障害特性に合わせた学校生活の組立

　学級の基本的な時間割作成後は，生徒の障害の状況や特性，学習到達度や課題，学年等に合わせ，個人別の時間割を作成する。特別支援学級において特に必要がある場合，特別の教育課程によることができる。生徒の支援ニーズに応じて特別支援学校学習指導要領の内容を取り入れる。時間割作成時には，特別支援学校の学校生活の実際を参考にしたり，助言を受ける機会を設けることも考慮する。各教科，領域・教科を合わせた指導（日常生活の指導，生活単元学習や作業学習）や合科の学習，選択教科，道徳や自立活動，総合的な学習の時間を配置し，支援ニーズに応じる一日・一週間の学校生活を組み立てていく。

エ 個別の指導計画・個別の教育支援計画

　生徒の時間割作成には，これまでの支援状況の資料，個別の指導計画，個別の教育支援計画を踏まえる。同時に，日々の学校生活の計画と実施，評価と改善に必要なツールとして個別の指導計画を作成する。個別の指導計画，個別の教育支援計画の作成と評価・改善を年間通して行い，次年度の教育課程に引き継ぐ。中学校では，進路選択，卒業後の支援の移行を視野に，個別の移行支援計画を作成することが望ましい。同時に，地域連絡会，巡回相談などの実施，地域の小・中学校，特別支援学校，高等学校，関係機関との支援ネットワークづくりに積極的に取り組み，個別の指導計画，個別の教育支援計画の作成と引継ぎを実効性のあるものにする。

オ 進路指導の重視

　中学校は，義務教育の終了期であり，進路指導は学校生活の柱となる。特別支援学校学習指導要領（平成21年3月告示）には，生徒が「自らの生き方を考え主体的に進路を選択する」，「現在及び将来の生き方を考え行動する態度や能力を育成する」ことができるよう，生徒指導の充実，校内の組織体制整備と教師間の相互連携，家庭及び地域や福祉，労働等の関係機関との連携，学校や学級生活への適応，学校の教育活動全体を通じたガイダンス機能の充実などが挙げられている。中学校の特別支援学級の生活では，作業学習や職

業・家庭，総合的な学習の時間や職場体験学習・現場実習等での重点的な取組が想定できる。しかし，進路指導は，日々の授業，毎日の教育活動全体で取り組むものであり，個別の指導計画，個別の教育支援計画を作成し，計画的，組織的に位置づけていく。

カ　交流及び共同学習

　交流及び共同学習は，目的，内容を明確にし，本人，通常の学級の教師，保護者間で支援方針を共有する。中学校は教科担任制であり，支援に関わる教師も複数に上る。年度当初，通常の学級と時間割調整を行い，内容，時間，時期，担当者等を計画する。個別の指導計画を作成し，支援担当者間で支援方針，内容を共有する。生活の連続性を考慮し，生徒の学校生活が自然に展開される工夫を行う。交流及び共同学習は，固定的に考えず，単元や題材で学習内容を選択する，特別支援学級の学習に切り替えるなど，柔軟に取り組む。生徒本人にとり，よりよい学校生活のための交流及び共同学習であることが大切であり，生徒の状況把握，時間，内容の評価・検討は継続的に行う。

③　全校的な支援方針の共有・支援の連携

　「日常生活の指導」「生活単元学習」「作業学習」「自立活動」の名称と内容，障害特性に合わせた時間割設定など，特別支援学級独自の教育課程は，通常の学級の教師に馴染みのないものといえる。学年会，職員研修，授業研究会等で校内の教師，職員に特別支援学級の教育課程の理解を促し，学校の教育活動全体での支援体制を目指す。特別支援学級の独自の取組に加えて，生徒指導，進路指導，交流及び共同学習など通常の学級の教師と連携した取組が一体化して展開する学校生活を目指す。同様に，家庭，地域の小・中学校，高等学校，特別支援学校，関係機関との連携を図り，教育課程編成に関する専門性の向上や，支援の継続や一貫性を可能にする体制づくりに努める。少人数，あるいは一担任である特別支援学級の教師に対しては，周囲の教師や関係機関との協力体制や連携を図るなど，生徒の学校生活の充実につながる体制づくりが必要である。

④　計画・実施・評価・改善のサイクル

　教育課程は年度当初に編成するが，実施状況の検討・評価は常に行うように

する。一定期間の生徒の生活の様子，授業場面での学習状況や指導内容を検討し，必要により時間割の変更，修正を行う。事例研究会や授業研究会等を通じ，校内の教師や専門家，関係機関等から，学校生活の計画と実際について評価を受け，改善することに努める。また，1年間の教育課程の計画の妥当性，実施状況，評価を踏まえ，次年度の教育課程編成に反映させる。

(西村　美華子)

(2) 通級指導教室
① 中学校における基本的な考え方

中学校の通級指導教室については，小学校と同様に，通常の学級の教育課程に加え，その一部を替えた特別の教育課程の編成を行うことができる。中学生の生活年齢を考えた場合，障害のない生徒は心身ともに大きく成長が見込まれるのがこの時期である。その一方で，障害のある生徒やその保護者は，卒業後の進路や思春期における様々な悩みや不安を抱える時期ともいえる。

特別の教育課程の編成をするに当たっては，生徒の心身の発達に応じて計画を立てることが大切であるため，このようなことがらを十分配慮して行う必要がある。

② 「特別の指導」の内容

通級による指導では，障害の状態の改善または克服することを目的として「自立活動」を行うこととなっている。また，特に必要がある場合には，障害の状態に応じて各教科の内容を補充する指導を行うことができるとされている。しかし，ここでの「各教科の補充」とは，教科の遅れを補充するために行う指導ではなく，それぞれの障害の状態や特性に応じた内容の指導に限定される（例／言語障害のある生徒に対する国語の「読み」の指導など）。これにより，通級による指導は「自立活動」を中心に指導を行うことが原則となっている。

この「自立活動」は，特別支援学校の学習指導要領の中で，六つの区分（「健康の保持」「心理的な安定」「人間関係の形成」「環境の把握」「身体の動き」「コミュニケーション」）に分けて示されている。これらの区分の中から必要と

思われる内容を選定して指導を行うことが大切である。通級指導教室に通う中学生の場合，対人関係や行動面，社会性等の問題を抱えていて，集団での活動や参加に困難を生じている生徒が多く見られる。それらの生徒に対しては，感情や行動のコントロールの仕方や社会性の発達を促すことを中心にした指導を行う必要がある。

　また，中学校の場合，保護者からの要望として学習の遅れを取りもどしてほしいという意見がよく聞かれる。これは，生徒の学力の低下や卒業後の進路等を心配して訴えてくるものと思われる。このような要望や意見があった場合は，誤解を招かないためにも保護者や担任によく説明し，通級指導教室以外で支援できるような体制を整える必要がある。

　なお，中学校通級指導教室における指導の主なねらいについては，次ページにまとめて示した（図4－4）。

③　授業時数

　授業時数については，週当たり1～8単位時間（年間35～280単位時間）の範囲で行えることとなっている。また，LD，ADHDの生徒については月1単位時間から指導を行うことができる。通級による指導にかかる教員配置の基準では，「児童生徒10人につき，一人の教員」としているため，仮に10人の生徒を指導した場合，一人2単位時間の実施で，週20単位時間の授業を行うこととなる。週当たりの上限は8単位時間であるが，一人当たりの授業時数を決める際には，他の生徒とのバランスを考えて決める必要がある。そして，何よりも生徒の障害の状態や人数，指導内容などを総合的に判断し，最も指導の効果が上がるよう十分検討した上で決める必要がある。

　また，他校通級の場合，地域の設置状況により通学にかかる時間に多くを費やす場合がある。この通学にかかる時間は，指導の時間に含まれないため，開始時刻を調整するなどの配慮をして計画を立てる必要がある。

　この他，授業時数が少ない教科等（音楽，道徳など）の時間に通級指導教室の授業を行う場合，必然的にその教科等の授業は受けられないことになる。通級指導教室に通うすべての生徒に対して配慮することは不可能であるが，計画

2．中学校教育課程の編成

生徒の状態像	指導の主なねらい
○多動で教室から飛び出す。 ○学習参加がほとんど見られない。	・学習態度の育成，情緒の安定 ・場面や状況に合わせた行動のコントロール ・持ちもの，姿勢，学習時のルールの習得
○衝動性が強い。 ○友だちとのトラブル多い。	・対人関係の育成 ・集団のルールやマナーの理解 ・場面や状況に合わせた行動のコントロール ・正しい言葉づかいの習得 ・トラブル発生時の対応の仕方の習得
○こだわりが強い。大声を出す。 ○急な変化や新しいことに対する抵抗が強い。 ○物や人にあたる等，パニックを起こす。	・コミュニケーション能力の育成 ・場面や状況に合わせた行動のコントロール ・困ったときの対応の仕方の習得
○人（友だち，教師）とうまく関わることが苦手。単独行動が多い。 ○集団活動への参加が難しい。	・対人関係の育成 ・場面や状況に合わせた行動のコントロール ・友だちや教師との「よい話し方」の習得 ・「言ってはいけない言葉」の理解
○話はできるが一方的に話す。 ○その場の雰囲気に合わない話をする。 ○意思の疎通が図りにくい。	・対人関係の育成 ・集団のルールやマナーの理解 ・コミュニケーション能力の育成 ・話し方のルールの習得 ・我慢する態度の習得
○特定の教科や領域に極端な困難さやつまずきがある。	・学習に関わるスキルの習得，学力の補充 ・障害等の特性に応じた学習方法の習得 ・苦手意識の克服。自信の確立。

（千葉市養護教育センター／平成20年度研究紀要より）

図4－4　生徒の状態像と指導の主なねらい

を立てる段階で可能な限り配慮して調整を行う必要がある。

④ 指導形態

指導形態としては「個別指導」と「小集団（グループ）指導」がある。通級による指導は，障害の状態の改善または克服を目的として指導を行うため，基本的には「個別指導」を中心に行うこととなるが，必要に応じて「小集団（グループ）指導」を組み合わせて行うことが大切である。特に中学生の場合，対人関係や行動面，社会性等の課題を抱えている場合が多いので，「個別指導」と「小集団（グループ）指導」を適宜組み合わせて行うことで，より効果的な指導を行うことが可能となる。どのような指導形態で行うかを決める際には，生徒個々の能力や障害の状態を十分把握し，担任・保護者そして本人と相談して実施できるとなおよい。　　　　　　　　　　　　　　　　　　　（千葉　直敏）

〈参考文献〉
1）文部科学省編著（2007.1）『改訂版　通級による指導の手引き　解説とQ&A』第一法規
2）千葉市養護教育センター（2009.3）『平成20年度研究紀要　LD，ADHD，高機能自閉症等の児童生徒への望ましい教育的対応の在り方』
3）大南英明編著（2009.4）『中学校新学習指導要領の展開　特別支援教育編　附高等学校教育』明治図書

5章 特別支援学級・通級指導教室の特色ある実践

1. 特別支援学級の特色ある実践

　特別支援学級は，設置されている学校の一つの学級で，学校行事，一日の時程等については，基本的に設置校と同じである。しかし，障害のある児童生徒の教育的ニーズに応じた指導を行うため，特別の教育課程を編成することができるようになっている。
　学校運営全体の中で，在籍する児童生徒の障害，教育的ニーズに応じた教育を進めるため，様々な工夫がなされている。
　学校全体の協力体制をつくること，交流及び共同学習を推進すること，学習環境を整えること，他の障害種別の学級と協力することなどである。
　p.56以下には，小学校特別支援学級における特色ある実践が具体的に報告されているが，それらの概要は以下のとおりである。
　事例1－1　学校経営の立場から交流及び共同学習を述べたものである。特別支援学級の児童と4年生とのサッカー・ゲーム，2年生とのジョイントコンサートの例が紹介してある。学校経営に特別支援学級をどのように位置づけるかは校長の手腕によるところ，大である。
　事例1－2　情緒障害学級に在籍するA児の指導に対し，保護者とともに個別の指導計画を作成し，知的障害学級との協力体制をつくり，1年生の交流学級，掃除担当の5年生，全校の教員との協力により成果を上げている。
　事例1－3　学習環境を柔軟に幅広く捉え，生活単元学習の展開などに活かしている。例えば，教室内の環境，教室の配置（校舎内の位置），学級園，地域とのつながり等を学習環境と捉え，それらを指導に活用している。
　事例1－4　特別支援学級の指導において教師間の連携が重要であるが，知的障害，情緒障害の2つの学級が，連携協力した学級経営のあり方，必要性，効果，教師の役割分担などを提言している。
　事例1－5　個別の指導計画に基づいて，国語に対する関心・意欲（読書活動），聞くこと・話すこと（今月の詩の暗唱），読むこと・書くこと，言語事項（給食の献立）の五つの観点から，国語の指導に工夫をしている。
　事例1－6　個別の指導計画に基づいて，算数で，金銭の計算を中心に教材・教具を工夫し，個に応じた授業の展開をしている。金銭の学習については，家庭の協力が必要であることに言及している。
　事例1－7　特別支援学級における外国語活動（英語活動）の実践例は，数が少ないが，児童の興味・関心を歌（BINGO）や身体表現等で喚起し，楽しい英語活動になるよう工夫している。
　事例1－8　生活単元学習「ウォーターランドの完成だ！」の単元の展開を紹介してある。単元の設定に当たって，児童の興味・関心を活用し，主体的な活動を進めるために様々な工夫をこらしている。
　事例1－9　生活単元学習で，区内合同の宿泊学習を取り上げている。普段の生活と異なり，100名近い集団の中で，どのように自分たちの

役割を果たして生活していくのか，細かい配慮事項にも触れている。
事例1－10　交流及び共同学習を五つの観点から捉え，実践している。運動会を取り上げ，事前，当日，事後における具体的な活動内容を紹介している。教師間の連携，全教職員の共通理解の必要性を強調している。
事例1－11　単元「ゆうかり喫茶店を開店しよう」を年間を通して展開し，その中の小単元として「そばぼうろを作ろう！」の展開を紹介している。交流及び共同学習は，「お世話をする，される」関係ではないという考え方が重要であることを提言している。
事例1－12　交流及び共同学習の例として給食を取り上げている。多くの実践は，特別支援学級の児童が協力学級で給食を食べる例であるが，特別支援学級の教室へ4年生が交代で訪れ，食事をともにする活動例である。

次に，p.108以下には，中学校特別支援学級における特色ある実践9例が報告されているが，それらの概要は以下のとおりである。
事例2－1　個別の指導計画を「教育課題個人表」，「指導内容の選択・組織」，「年間指導計画」により具体化し，指導を展開している。農作業を取り入れたり，知的障害学級との合同授業を取り入れたりしている。
事例2－2　学習環境を，教育課程に関わるものと教室内外の物質的な環境の二つの観点から捉えている。そして，具体例として，自閉症の生徒に対し，1．時の流れを学校生活の中で意識させること，2．自立的に活動できること，の内容を示している。
事例2－3　「書くこと」の苦手な生徒の事例を紹介し，個別の指導計画を適切に作成し，授業への活用を図っている。国語の指導は，国語の時間に限ることなく，学校生活全般で，個のニーズに応じて，意図的に指導することの重要性を述べている。
事例2－4　数学の内容の一つである実務——金銭のやりとり——を，「バザー」において品物を販売する学習を通して，具体的に紹介している。金銭の指導については，家庭との連携が不可欠であることを強調している。
事例2－5　中学校特別支援学級合同宿泊学習の例を紹介している。「宿泊学習（軽井沢合同宿泊）評価表」を作成し，個別に，活動面・野外，生活面，宿舎面，公共施設等について評価をしている。
事例2－6　週6時間の作業学習の時間を設け，農耕，陶工，木工，紙工芸，手芸の5種目を取り入れている。ものづくりから販売実習まで，生産から消費までが具体的な作業活動を通して指導している。また，産業現場等での実習も実施している。
事例2－7　調理は，作業学習や家庭科の授業として位置づけられたり，生活単元学習の一部として展開されたりしている。調理作業を通して「段取りする力」を身に付けることを大きなねらいとして，具体的な指導を紹介している。
事例2－8　部活動・委員会活動等様々な交流及び共同学習の場と機会を工夫している。教科，領域，生活の中の交流及び共同学習で，特別支援学級から通常の学級へ，通常の学級から特別支援学級へという学習の場の移行を柔軟に行っている。
事例2－9　進路の学習の一環として，「服装・身だしなみチェック」を本人評価，他人評価を毎日行っている。また，企業との連携によるキャリア教育を行ったり，「D組食堂」を展開したりするなど，実際的な学習を進めている。

（大南　英明）

1．特別支援学級の特色ある実践

事例 1－1	交流及び共同学習を学校経営方針の核とした学校づくり

東京都中野区立桃園小学校

1．桃園小学校の概要

　本校の歴史は大変古く，開校は今から134年前の明治8年のことである。当時の中野村・荻窪村・杉並村など，21か村が学区域であった。現在の中野区・杉並区・新宿区の一部を含む極めて広い範囲から子どもたちが通ってきたことになる。

　また，本校の特別支援学級（以下ひまわり学級）は，昭和28年に開級し，今年度56年目を迎えた。昭和28年といえば，都内で特別支援学級（当時は特殊学級）が設置されている小学校はわずか12校だったと聞く。当然本校は，都内の小学校特殊学級の先発校としての大きな役割を担ってきたことになる。

写真1　桃園小学校

写真2　壁面に書かれた56周年記念の文字

　学校・学級の歴史の古いことにも関連して『豊かなかかわり合いをもてる児童の育成』を研究主題に，平成17，18，19年度の3年間，体育科の学習を通して，『かかわり・コミュニケーション』を視点に『豊かな心』を育てるための研究を積み重ねてきた。平成20年度は研究主題はそのまま継承しつつも，教科を体育から国語科に変更し，「聞くこと・話すこと」を核とした伝え合いの方法や技術の習得に焦点を当て，副主題を『声に出して伝え合おう』とした。今回の学習指導要領でも各教科を貫く重要な改善の視点となっている言語活動の充実等を意図しながら，今年度5年目の研究を進めている。

2．学校経営方針

　年度当初の始業式・入学式前までに本校の教職員へ，また，保護者や地域に対しては，4月の学校だよりや保護者会等で，今年度の校長の学校経営についての考え方を提示している。その学校経営方針の中で，「経営の基本的な考え方」として本校に設置されているひまわり学級の存在の価値を明確にし，学校経営の中核にしていく方針を着任以来6年間示してきた。その一部分であるが紹介したい。

《学校経営方針　経営の基本的な考え方　抜粋》

> 　桃園小学校に在籍する366名（21.4.1現在）のすべての児童の健やかな成長は，我々の共通した使命であり，保護者の願い・期待でもある。これは，桃園小に在籍する全児童の指導を全教職員で行うことにより，現実のものとなると考える。
>
> 　本校は特別支援学級が設置されている学校である。拠点校方式をとる東京都では，未設置校の数が圧倒的に多い中，特別支援学級（ひまわり学級）が設置されていることで，教育活動の展開に幅をもたせることができる。通常学級とひまわり学級との交流・共同学習を通して，児童の相互理解，障害理解の場を意図的に計画できることが設置校の利点でもある。
>
> 　また，個別の指導計画や個別の教育支援計画の作成・策定に関しては，既にそのノウハウを有している特別支援学級からの応援を得て，通常学級に在籍している特別な支援を必要とする児童に関しては言うまでもなく，すべての児童のニーズに合わせた個別の指導計画や個別の教育支援計画の作成・策定にも有利であると言える。《中略》
>
> 　実践的な交流・共同学習を通して，相互の自立に向けた教育活動を展開していかなければならない。これらの活動を地道に積み重ねていくことにより，人権感覚に対して敏感かつ行動力のある児童の育成に期待がもてると考える。あらゆる差別と偏見の払拭は，未だに社会全体の大きな課題でもある。この課題に対して，小学校段階で体験的な活動を積極的に取り入れ，知識としても行動力としても，「共に生きる」という人権に対する基本的な考え方の「ノーマライゼーション」の感覚の醸成に努める。
>
> 　今年度は各学年の児童の実態と学級の状況，学習の単元や内容を考慮するとともに児童のニーズに応じて，積極的に共同学習を推進していく。

3. 本校の学校経営方針「経営の基本的な考え方」のベースにあるもの

平成20年3月に告示された「小学校学習指導要領　総則　第4　指導計画の作成等に当たって配慮すべき事項」⑿「(前半略)　小学校間，幼稚園や保育所，中学校及び特別支援学校などとの間の連携や交流を図るとともに，<u>障害のある幼児児童生徒との交流及び共同学習</u>や高齢者などとの交流の機会を設けること」とある。

平成19年度にスタートした「特別支援教育」が，それまでの「特殊教育」のあり方を大きく変えた考え方には『場からニーズ』がある。まさに障害のある幼児児童生徒を切り離し，特定の場で教育を展開していくこれまでの指導の場と手だての考え方を，大きくシフトするものである。必要なときに，状況に応じた場で，適切かつ効果的な指導を必要な時間講じようということである。

従前から，交流・連携の意義については多くの学校や教育関係機関等で語られ，また取組が行われてきた。しかし，運動会や遠足等の行事に参加するなどの関わりが大半を占めていたのが現実である。今回の学習指導要領にある交流及び共同学習とは，まさに相互の児童にとって一緒に行う価値を明らかにし，活動を充実していくことである。そのためには，特別支援学級の一人一人の児童のニーズに合わせた，個別の指導計画や個別の教育支援計画が重要になってくることはいうに及ばず，学級内の他の児童との関係や教員・介助員等の人的な余裕なども不可欠な条件となり，大きな課題になっている。だが，最も高いハードルは依然として前回の学習指導要領総則　第3章　第6節　6⑹にもあった「特殊学級又は通級による指導については，<u>教師間の連係に努め</u>，効果的な指導を行うこと」に尽きると実感している。

4. 本校の交流及び共同学習の事例
事例⑴　4年生からの挑戦状

今年度のひまわり学級の週時程表は，月・火・木・金の第1校時が体育である。3階の窓からひまわり学級の体育学習のサ

写真3　通常の学級とのサッカーのゲーム

ッカーのゲームを見ていた４年生から，ある日ひまわり学級にサッカーの試合の申し込みがあった。受けて立つことになったひまわり学級。両学級担任は，ひまわり学級単独の練習，４年生と合同の事前の練習・ゲームなどを計画した。まさに意図する共同学習となった。

当日の試合結果は，ひまわり学級に担任や介助員の応援もあり，３対２でひまわり学級が勝利した。このサッカーの学習は，双方の児童にとって「相互に理解し合う」という大きな課題を前進させることになった。

事例(2)　２年生とジョイントコンサート

学習教材「きらきら星」「子犬のマーチ」がひまわり学級と共通していたこともあり，音楽専科が合同の指導計画を作成した。指導計画に沿った数時間の合同の学習後，ひまわり学級の大教室で，互いにその成果を発表し合うコンサートを開催した。まさに学級の枠を取り払った相互乗り入れの共同学習になった。

写真４　ジョイントコンサートのもよう

5．終わりに

現在は，ひまわり学級が開級した50数年前の社会環境及び教育環境とは大きく様変わりしたことは明らかである。

21世紀も10年が経過しようとしている今，障害のある人も障害のない人も同じように社会の一員として生活することができる社会を目指すノーマライゼーションの理念は，着実に社会の中に定着してきたと実感している。さらに確かなものにしていくためには，学校教育の中で幼児児童生徒の心の中に実体験としてのノーマライゼーションの感覚を培っていかなければならないと考えている。学校は，すべての幼児児童生徒を対象にすべきであるというインクルーシヴ教育（包含的教育），すなわちインクルージョンという考え方を実のあるものにしていかなければならない。今後も本校では，連携・交流及び共同学習を通しながら，その充実に努めていきたいと考えている。

（河本　眞一）

1．特別支援学級の特色ある実践

事例 1-2　個別の指導計画を重視した学級経営

島根県松江市立島根小学校

1．はじめに

1年生から情緒障害学級に入級したA児は，当初は教室を出て広い敷地の中を歩いてまわり，何か面白い遊具はないかと探すなど，多動な様子であった。知的障害学級と合同の朝の会や掃除，全校集会，調理等の学習活動にも入りにくく，一人で行動しようとすることが多かった。情緒障害学級はA児一人であった。このようなA児に対しては，①他の人々と一緒に活動に参加し教師や友だちとの関わりを通して適切な対人関係がとれるようになる，②自制力を育て，一つ一つの学習活動に取り組む，③運動の力を高め健康な身体を育てる，という願いを持った。そのために，子どもの実態を適切に把握し，それを基に個別の指導計画を他の教師や保護者と立てて指導に当たることにした。

2．A児の実態と指導目標

4月当初に領域や教科，その他の項目で保護者の願いをアンケート形式で書いてもらい，それを基に個別の指導計画案を作成した。5月初旬の家庭訪問で個別の指導計画案を提示して説明し，保護者の意見を伺った。そして，知的障害学級の教師と検討を加え，最終的な指導計画を立てた。以下に実態と指導計画の抜粋を掲載する。

(1)　4月当初の実態

言　語	対人関係	ものへの関わりや遊び
○1～2語文で要求する。 ・「すべりだいいく」や「おねえちゃんいく（おねえちゃんとあそぶ）」など。 ・「いやだ」と拒否する。 ○「ぼくは○○です。どうぞよろしくおねがいします」などの文を丸ごと覚	○学校で会ういろいろな人たちに関心を示す。 ・「これは（誰）？」と尋ねる。 ・よく知っている人に向かって故意に別の名前を言い，その人の正しい名前を言っ	○ジャングルジムや肋木，はしごなどの登る遊具を好む。手や足，指などの筋力や巧みさが年齢相応に発達していないため，登るときに不安定なところが見られる。走ったり遊具で遊んだりして体を動かすことが好きである。 ○看板やマークの中に好きなものがあり見つけると，指差して「これ

えて言えることがある。 ○「まって」や「ストップ」、「だめ」などの制止の言葉が分かるが、止れないことがある。 ○平仮名カードを50音順や自分の名前の順に並べることができる。 ○好きな本の文章の一部を覚えて言える。	てもらって関わろうとする。 ○ものを投げたり落としたりして、人の注意を引こうとすることがある。	は（この看板は何）？」と大人に尋ねる。 ○好きな絵本を見つけると、本棚から出してきて自分で見たり、周りにいる人に向かって好きな場面の文章を読むように求めたりする。 ○音に敏感でチャイムの音階を覚え、すぐに同じ音で復唱したり、嫌いな音楽がかかると耳をふさいで、部屋から出ようとしたりする。

(2) 指導目標（個別の指導計画からの抜粋）

長期目標	短期目標	保護者の願い
ア 自分の学級やその他の学級の友だち、校内の教師などと適切な関わりが持てるようになる。 イ 当番などの割当ての仕事（課題）ができるようになる。	ア 教師や友だちの指示が分かって行動する。 イ 朝の会や給食当番、掃除当番などの仕事をする。	ア 他の学級の友だちがたくさんできてほしい。 イ 姉や友だちと一緒に集団登校してほしい。 ウ 少しでも落ち着いた行動がとれるようになってほしい。

3．実践

　A児の実態と保護者の願いを受け、好きな遊びをご褒美にして、学校生活や学習活動に取り組んでいけるよう、A児の成長を支援する取組を始めた。

　初めの頃は担任がA児との遊びを通して、コミュニケーションをより深いものとしていくことをねらった。A児と遊ぶことは担任にとっても、嬉しい時間であった。その後、このような関わりをしばらく続けることによって、担任とA児との関係が深まっていった。そして、担任が望む学習活動にもA児が気持ちを切り替えて取り組んでいってほしいと、強く感じるようになった。

　しかし、遊びの途中で学習活動にA児を誘っても、1・2回はやるがすぐに「いやー」と言って、活動の場を離れようとした。これは、自発的に活動に取り組んで周囲の人やもの・体験から学んでいく姿とは程遠いものである。

　そこで、学校生活すべてにわたってではなく、設定した場面で活動できるように計画を立て、指導していくことにした。まず、長期目標のイ「当番などの割当ての仕事（課題）ができるようになる」、短期目標のア「教師や友だちの指

示が分かって行動する」,保護者の願いのウ「少しでも落ち着いた行動がとれるようになる」の具体化を,国語や算数の学習場面で行った。国語であれば,初めに線の練習プリントをし,次にひらがなカード並べ,最後に「こぐまちゃんシリーズ」の本の読み語りをして,好きなトランポリンをする,といった流れである。しばらく指導を続けると,国語や算数など一人で取り組む学習は,落ち着いて取り組めるようになった。しかし,朝の会や掃除など他の人と一緒に行う活動では,一人でいることが多かった。掃除はA児にとって初めての活動であったが,体を動かすことが好きなので,少しずつでも掃除ができるようになってほしいと思い,次に掃除について段階的に取り組むことにした。

掃除の時間には,5年生6人がA児と一緒に掃除をする。A児は,最初は掃除の時間になるとトランポリンの上で寝たり,本を見たりして掃除をしようとしなかった。担任が雑巾を渡すと1メートルほど拭いて,すぐにまた遊びだすといった様子であった。そこで,段階的な活動に取り組み,終わったらトランポリンをすることにした。

表 A児の掃除における個別の指導計画

目 標		掃除の時間に雑巾で床を掃除する。
目標行動	段階	支 援
1 雑巾を持ち掃除に行く。	Ⅰ	教師が雑巾を渡す。
	Ⅱ	「掃除だよ。雑巾を持ってきて」と声をかける。
	Ⅲ	掃除に来る5年生の子どもの様子を見たり,チャイムを聞いたりして雑巾を取りに行くのを見守る。
2 雑巾を濡らし絞る。	Ⅰ	教師がA児の前で雑巾を絞って見せる。
	Ⅱ	雑巾の絞り方を教える。
	Ⅲ	周りの子どもの様子を見てA児が雑巾を絞るのを見守る。
3 床を拭く。	Ⅰ	教師が並んで床を拭く。
	Ⅱ	A児と並んで拭いたり違うところを拭いたりする。「あの壁まで拭いて」「あと3回ね」など拭く範囲や回数を伝える。
	Ⅲ	A児を見守り,掃除から気持ちがそれたら声をかける。
4 洗って絞り,干す。	Ⅰ	一緒に雑巾を洗い,干す。
	Ⅱ	A児が雑巾を洗うのを見守り,干す場所を指で示す。
	Ⅲ	5年生の動きを見てA児が雑巾を洗ったり干したりするところを見守る。
子どもの様子と評価		○取組を始めると,トランポリンを楽しみに掃除を始めるようになった。すぐに終わってトランポリンに行こうとした。 ○しばらく取組を続けると,掃除に来る5年生の様子を見て自分から雑巾を蛇口の水で濡らすようになった。 ○5年生の友だちが教師よりうまくA児に雑巾の絞り方を教え,A児が5年生の真似をして雑巾を絞るようになった。

4．実践を振り返って

　一人学級であったので，隣の知的障害学級の友だちや1年生の交流学級，掃除のときに来る5年生，他の先生方などとの関わりを通して適切な行動がとれるように願い，計画を立て実践してきた。

　掃除の時間にA児が床を拭くようになるには，5年生の友だちの声がけや動きの手本が大きな力となった。担任がいないとき，5年生の子どもたちが，A児と一緒に水を汲んだり，A児に雑巾の絞り方を伝えたりしていた。そして5年生に混じって，床を拭いていた。本来A児は，人が好きだったので5年生からの指示に従うことも増え，徐々に掃除ができるようになった。

　また，一度に掃除の仕方を教えるのではなく，支援の仕方を3段階にして指導したことが有効であった。方法としては，教師とともに初めから5年生と一緒にするようにし，壁から床の線までなどと範囲を指定したり，回数も2回から5回に増やしたりなどした。最近では，その日の午後の予定を，掃除中に「そうじ，はんせいかい，かえりのかい」などと繰り返し言うようになってきている。これは毎朝その日の予定を確認し，予定黒板に写真と文字で示し，それを一緒に読むことを続けている効果であると考える。このことが伏線となり，今回の掃除の指導でも，主体的行動がとれるようになってきたと考える。

　朝の会や掃除などの一部の時間内では，A児自身の意欲や周囲の人々，教材等によって，主体的に学習に取り組む姿が多く見られるようになってきている。また，今回は掃除の具体的な指導計画を立てて実践することにより，教師自身が明確な目標を持ってA児を指導していけたと考える。今後は，他の学習や活動場面においても，子どもの実態に応じて達成可能な課題を設定しつつ，段階的な指導・支援の計画を立てて実践していきたい。

（永井　裕之）

1．特別支援学級の特色ある実践

| 事 例 1−3 | 学習環境を重視した学級経営 |

高知県高知市立横浜小学校

1．はじめに

　子どもたちにどのような学習環境を用意するかは，担任の学級経営に対する考え方がその基盤となる。学級経営に対する考え方は，どのような教育課程を編成するかに由来する。

　特別支援学級の教育課程は，子どもの実態等を踏まえて特別に編成することができる。本学級では，生活単元学習をその中核に据え，子どもたちが見通しを持って主体的に学校生活を送るようにすることを，最重要課題と捉えている。

　学習環境は，この課題に迫るために設定されなければならない。それと同時に，学級教育目標を実現するためには，適切な学習環境の設定は欠くことができない条件である。

2．教室内の環境

　教室は，子どもたちにとって，安心して生活できる場であるとともに，わくわく楽しみながら学習に取り組む場でなければならない。生活単元学習を中核とする学校生活においては，個人別であれ集団の形態であれ，存分に活動できるよう整えられた環境の設定が重要となる。

　十分な活動スペースを確保するため，教室内には余分なものは置かないようにしている。その上で，一人一人が活動するための個人用の学習机を置くとともに，集団で作業をするための適切な大きさの作業台を設置している。

　また，作業や活動に必要となるはさみなどの道具類や，糊や色紙，画用紙などの材料類は，決められた棚に整理して準備しておき，いつでも必要なときに子どもたちが自分ですぐに取り出せるようにしている。さらに，調理をともなう活動のために，流し台や調理台，ガス台とレンジ，冷蔵庫などが設置されており，食器や調理器具を収納するための棚も置かれている。

　なお，必要に応じて，教室の隣にある図工室や一つ上の階にある家庭科室も

積極的に利用している。

3．教室配置

教室が校舎の中のどこに位置するかも，大切な教育環境の一つである。

児童生徒の実態もあって一概にはいえないが，特別支援学級は校舎の中心部で人の行き来がある場所に配置されるのが望ましいと思われる。特別支援学級の存在やその活動が日常的に児童生徒や教職員の目に触れることは，充実した交流及び共同学習を実現するための土壌となると考えるからである。

しかし，学校ごとに様々な事情があって，必ずしもそうなっているとは限らない。本学級も北舎の端に位置しており，教室の前を人が通ることはめったにない状況にある。

そこで，教職員との触れ合い授業（写真1）や新入生に向けての教室紹介，地域でお世話になっている方々を招待する会，全校児童を対象とした特別支援学級の作品展（写真2）などを教室で行い，たくさんの人に教室を訪れてもらうよう工夫している。こうした活動は生活単元学習の主要な単元として展開されているものであり，同時に交流及び共同学習の機会を提供することにもなっている。

写真1　春のお菓子でおもてなし　　写真2　作品紹介

4．学級園

本学級では，年間を通して栽培活動に取り組んでいる。植付けをし，大切に育て，自然の恵みを収穫すること自体ももちろん大切な学習活動ではあるが，

それらはさらに生活単元学習や交流及び共同学習の題材へと発展していく。

学級園が教室の近くにあると，毎日の水やりや草引きなどの世話や手入れがしやすく，便利である。教室の近くに適当な畑がない場合には，栽培が可能なスペースを探し出し，生活単元学習の一環として"開墾する"という方法もある(写真3)。

栽培活動が生活単元学習に大きく位置づく場合には，生活単元学習の年間計画に連動した栽培計画を立てて，作物を教室近くの学級園で育てることが望ましい。作物が見せる日々の生長の様子が，そのまま学級の活動を勢いづける役割も果たしてくれる。

写真3　教室の近くにつくった学級園

園芸家の広田靚子先生が来校。学級園にハーブをコーディネートしてもらう。
その年の生活単元学習はハーブを中心に展開していった。

写真4　広田先生とハーブの植付け

5．地域とのつながり

学校が所在する地域の状況もまた，大切な教育環境の一つである。

本校は住宅地の中に位置しているが，校地に隣接する丘の林を抜ければ徒歩10分程で海辺に出ることができるなど，自然豊かな環境に囲まれている。

そこで，校区の人たちとの触れ合いや，地域にある商業施設などの活用，豊かな自然とのかかわりなどを大切にした学級経営を行っている。例えば，近くにある漁港で開かれるイベントへの参画を生活単元学習として取り組んだり，

通常の学級との交流及び共同学習の一環として，栽培活動の収穫物をショッピングセンターの一角で子どもたちが販売したりして(写真5)，地域とのつながりを活かした活動を大切にしている。

6．終わりに

　学習環境を重視した学級経営にも様々な形があると思われるが，生活単元学習を柱とした学校生活を展開する際には，自ずと，学級経営は学習環境を重視したものとなり，同時に，学習環境の充実を図ることが学級経営の要点ともなると思われる。

　子どもたちが目いっぱい活動できる学習環境を追求したいものである。

写真5　横浜フラワー市場

（岡　浩子）

事 例 1-4	知的障害の学級と情緒障害の学級とが連携した学級経営
	長野県東御市立祢津小学校

1. はじめに

祢津小学校は各学年2学級ずつの全校児童265人である。そして知的障害児学級と情緒障害児学級が一学級ずつある。現在特別支援学級に在籍している子どもは6人で、知的・情緒のどちらかに所属している。しかし、子どもたちの中には自分がどちらのクラスかという区別はほとんどない。朝の会・生活単元など知的障害児学級と情緒障害児学級の子どもが一緒に行う活動が毎日あり、他校との交流や誕生会などの行事も合同で行っている。もともと6人という少人数で、通級してきている子どもを合わせても10人に満たないので、ある程度の人数がいないと成り立たない活動は、必然的に合同で行うことになる。二人いる担任のうち一人がチーフになって全体に指示を出し、もう一人がサブにまわって一人一人の様子を見たり、やり方がわからないでいる子に説明しなおしたり手を貸したりしている。これができるのは二人でやっているよさの一つである。

2. 各学級の特性

さて、連携のよさとは様々出てくるが、あくまで「一緒に活動することで成果が上がる」「職員が役割分担することができる」ということであって、「知的障害児学級」「情緒障害児学級」という区分は厳然としてある。両者の特性を考える以上、制度的にこの二つの学級が存在することは必要不可欠なことであり、場合によってははっきり分けなければ活動が成り立たないこともももちろんである。学年に即した教科学習が可能な情緒障害児学級の子どもと、個人個人の能力に合わせた下学年の内容で学習している知的障害児学級の子どもとは、個別学習においては全く別の教育課程を行っている。

3. 子どもとの距離感に変化をつけられるということ

学級は「知的障害」「情緒障害」に分かれていて、それぞれ子どもたちはど

ちらかに所属している。知的に遅れがあり，情緒も不安定で，学習活動にとりかかるのに時間を要する子どもも多い。そんな時，職員が二人いることで，その子と距離感を変えた接し方をすることが可能になる。正論で責められるばかりでは逃げ場がなく，かえって意固地になってしまう子どもも，もう一方の職員と関係のない話をしたりしているうちにふっと気持ちが和らいでくることもあるのだ。そこをねらって，再度やらなければならないことや，逆にやってはいけないことを伝えると，案外すんなりいくことも多い。これがよさの二つめである。子どもをはっきりと「知的」「情緒的」に分けず，一人ずつの特性に合わせて指導にあたる。二人で担当することのいちばんのよさはここにあるといっても過言ではない。多くの子どもたちが両方の困難さをあわせ持っているからである。

4．知的障害児，情緒障害児に共通する困難さ

　IQだけ見れば十分高く，数字的には「情緒」だけに困難があるとされる子も，認知的な点で困難さを抱えている場合が多くある。だからこそ，他の子どもが自然に身に付けている社会性を身に付けられず，人間関係のトラブルをかかえて苦しんでいる。ある子は算数の教科書の問題などものの5分で理解し，即座に解いてしまうが，抽象的な表現はなかなか理解できない。図形の問題そのものは見ただけでその仕組みが分かるのに，考え方を表した文章の理解は難しく，自分が分かった内容を他の人に説明するのも苦手である。その困難さは，その問題の内容そのものを理解できていない子が説明できないのと表面上は大差なかったりする。個別な支援が必要というところは両者に共通する。

5．学習形態の多様化

　さらに，職員が二人いることで，様々な学習形態を作ることが可能になる。気が散りやすい子が多い上，認知的に弱い部分に個人差が大きいので，やはり一対一での個別指導が有効である。しかし，一人の教員で複数の子どもを担任している現状では，個別指導の時間を十分にとることはできない。一日のうちほとんどを特別支援学級で過ごす子どももいるからである。そんな時，教員が複数いれば，個別の学習の時間を確保することも可能になる。場合によっては，

学習段階が近い子ども同士二人でペアになって学習することで効果が上がることもある。多数の子どもと一緒に学んでいくことは難しくても，自分と違う子どもの意見や感想を聞くことでなるほどと思い，自分の考えを広げていくことができる。指導計画を基に週の指導内容や翌日の予定を打ち合わせながら，どの子をどういう学習環境に置くかを決めていく。

6．一人一人違うねらいを持って

　生活単元学習では，みんなで同じ活動をするわけだが，その学習の中で得るものは，一人一人違う。その活動は畑の水やり，草取り，製作活動などである。ある子どもは一つの作業を一定時間続けるということが課題になる。これは不思議と「知的障害」の学級に在籍する子どもが得意な分野だったりする。自分のできないことをやりとげている子に対しては，自然と「やるなあ」という評価が生まれ，そのことは，評価された子どもにとってこの上ない自信になる。逆に，活動の中で得意の計算能力を使ったり，文字を書いたりする場面が出てきたりもする。自己肯定感を持ちにくい「情緒」の学級にいる子どもも，ここでは活躍の場がたくさんある。少人数の落ち着いた環境の中で「自分はここが得意，そして次にはあの子のようにもう少しここのところもできるようにしたいな」と，無理のない目標を持つことができる。

7．お互いのがんばりを認め合いながら

　こうして見てみると，子どもたちの中には大人が考えているような区別がないことを改めて感じる。「朝の会」と呼んでいる学級活動では，それぞれの係を一つずつ分担し，日記の発表，それに対する質疑応答を行っているが，それぞれの仕事に対しては実にシビアに「努力したか」どうかの評価がなされている。到達目標は一人一人違うが，それに向かって持てる力を出したか。あるいはおしゃべりに夢中で手を抜いてしまったか。がんばってもできないような場合には，責めないのが子どもの偉いところである。こういう場面で合同のよさを感じるのは，「責めてしまいがちな」情緒障害児学級の子どもが，「責めずに待てる」知的障害児学級在籍の子どもから学べるというよさである。

8．大人たちにも伝わるがんばる心

　子どもたちが自然に混ざり合っているせいか，大人たちもいつしかそのペースに巻き込まれていることに気付かされる。子どもの入級が決まって実際に通うようになってからも，「特別な」支援というものに対してなかなか馴染めず，心の中で葛藤している保護者もたくさんいる。そんな時，参観日や親子交流会での出会いが，気持ちをほぐしてくれることがある。我が校では，参観日も（個別学習をあえて見ていただく時以外は）知的障害児学級と情緒障害児学級が一緒に行うし，親子交流会ももちろん一緒である。「分けて」という要望が出たことは一度もない。最初は気持ちの整理がつかなくて，「いずれ原籍学級に戻す」ということを目標に入級に同意した情緒障害児学級の子どもの保護者も，子どもたちの一生懸命がんばる姿や和やかな空気に触れ，何より我が子が自分のペースを見つけて落ち着いていくのを目にして，「一人一人に合わせた学習環境の大切さ」に気付いていってくれることが多くある。両方の学級を無理に分けて，よけいに条件が限られ，ストレスを抱えてしまっていては，このような評価は得られなかったと思う。

　今，個別に指導しなくては学習が成り立たない子が，クラスに４～５人いる場合もある。子どもの特性をつかみ，担任の教員とともに指導の手だてを考え，保護者との調整を図っていくのも，特別支援を担当する教員の大事な仕事である。担当する学級に関することと同時にそれらを進めていくには，相談しながら案を詰めていける人員が必要不可欠だ。考えたやり方に冷静な意見を述べられる存在としても大切である。現在，社会において特別支援を考えていく部署はすべての学校で必要なものであると同時に，知・情が手を取り合って指導に当たるという体制もまた，様々な理由からなくてはならないものだと日々実感している。すべては，どの子にも安心して学べる環境を保証するために。

（吉越　敦子）

事例 1-5 個別の指導計画に基づいた国語の指導

山形県米沢市立窪田小学校

1. 国語科における個別の指導計画の活用

本校の特別支援学級においては，各教科でどのような力をつけていきたいのかを明確にしている。

国語科においては，(1)国語に対する関心・意欲，(2)聞くこと・話すこと，(3)読むこと，(4)書くこと，(5)言語事項という五つの観点で，一人一人の学習の到達目標を定め，学習内容を検討したり教材を選定したりしている。五つの観点で立てた目標は，連絡票の項目にも反映させている。学習を進めるに当たっては，(1)～(5)の観点について，個別の指導計画を活用し，個々の実態を把握するとともに，それぞれの興味・関心や得意な学習スタイルを考えながら支援するようにしている。

2. 各観点ごとの学習例

(1) 国語に対する関心・意欲を高める読書活動

国語に対する関心・意欲は，学習全般を通して育てられるものであるが，どの学校でも取り組まれていると思われるものが本の読み聞かせや読書である。

本の読み聞かせは，児童の実態に応じて読み聞かせる本を選ぶことができる。ひらがなの読み書きのできない段階では，楽しい絵のある本やことばがリズミカルな本を選び，読み聞かせをしている。本を読みながら，「これは誰ですか？」「これは何をしていますか？」などの質問をして，それに答えるという活動をしながら楽しんでいる。

読書は，自分で読める本を選ぶことが難しいので，個々の読み書きの力に合った本を一緒に選ぶようにしている。最初は，読んだ本を通常の学級の児童と同じカードに記録していたが，感想を書かせると「おもしろかったです」などといつも同じことばになりがちなので，学級独自のカードを作成し，使っている。カードは，児童に応じて内容を変えるようにしている。

```
―― カードの項目例 ――
・(ひらがなの読み書きができない場合)
　好きな場面の絵を描く欄
・登場人物を書く欄
・心に残った場面の視写をする欄
・心に残った場面について感想を書く欄
・会話文を視写する欄　　　　　　など
```

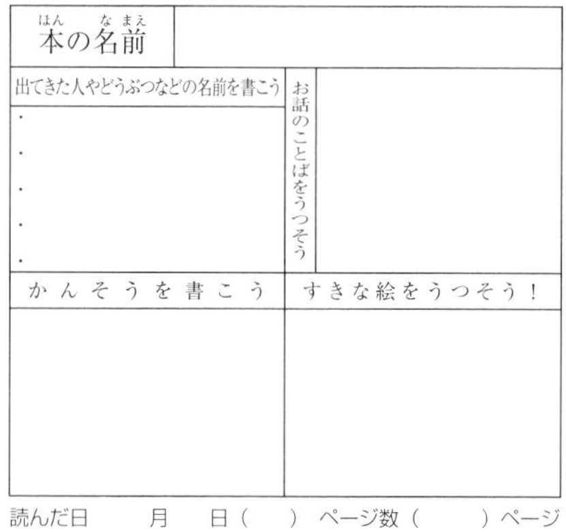

本の名前		
出てきた人やどうぶつなどの名前を書こう ・ ・ ・		お話のことばをうつそう
かんそうを書こう	すきな絵をうつそう！	

読んだ日　　月　　日（　　）　ページ数（　　）ページ

図1　読書カードの例

　これらの実践をする前は，ただ本をめくって好きな場面や絵を見ていただけだったが，登場人物を書くようにしたことで，最初から最後まで本をしっかり読んで探すようになったり，視写をすることでどの場面が面白かったか話せるようになったりといった変化が見られるようになる。

(2) 聞くこと・話すこと

　聞くことや話すことについては，国語のみならず，他教科や他領域と関連させながら学校生活全般で育てていかなければならない。

　国語においては，指示を聞いて理解することと相手に伝わるような声の大きさで話すことを大切にしている。指示や発問を聞いて理解しているかどうかは，児童の反応を見ただけでは分かりにくいこともあるので，自分から「分かりませんでした」「もう一度教えてください」と言うことも大切にしている。

　学校全体の取組として，本校では詩集から選んだ「今月の詩」を暗唱できるように，朝の会や帰りの会で練習している。学期に1回は校長先生の所に行き，暗唱できると大きなシールをもらえるようになっている。「今月の詩」は，交流学年と同じ詩だけではなく，児童の実態に応じてリズミカルで覚えやすい詩を選ぶこともある。特別支援学級の児童にとっても，シールをもらえることは大きな自信につながっている。また，暗唱した詩を全校朝会で発表する場も設けられていて，全校生の前で発表することも自信につながっている。

(3) 読むこと

　読むことについては，文章の音読をするということと，文章の内容を読み取るという二つの学習があるが，まず最初に取り組まなければならない学習が，文字を読むということである。

　ひらがなやカタカナを読むことについては，書くこととの関連が深いので，書く学習が多くなりがちである。しかし，字の形の特徴を捉えていないとなかなか覚えられない。そこで，画用紙でひらがなのカードを作り，「わ」と「ね」と「れ」や，「は」と「ほ」のように似ている字のカードを見せ，ぱっと見て答えられるようにする。この学習だと，ゲーム感覚で学習することができ，書き順が分からなくても字の形全体を捉える力を育てることができる。1文字でできるようになったら，文字数を2文字3文字と増やし，いろいろな言葉を覚えさせていく。

　ひらがなが分かるようになってきたら，カタカナの読みも学習する。現代は，カタカナで書いてある言葉も多い。ひらがなで覚えてからカタカナの学習をすると，長音の表記など混同してしまうことも多いので，実生活に役立つようカタカナで書く言葉は，初めからカタカナで練習するようにしている。

　音読ができるようになってきたら，他教科の学習にも取り入れるようにしている。文章が長くなると，どこで区切って読んだらいいか分からなくなることがあるので，文節ごとに横線を入れ，読みやすいようにしている。

(4) 書くこと

　書くことは，小学校においてとても大事な学習である。書くことができるようになると，いろいろな学習に活かすことができる。

　どの子も初めに取り組むのがひらがなの書き方である。ひらがなは曲線があるため形をとるのが難しい。そこでまず字をなぞることから学習する。鉛筆は太めで4Bから6Bくらいのものを使用する。握力がない児童の場合には，太めのマジックやサインペンもなぞりやすい。なぞるときは，書き順に気をつけさせながら練習するが，数の概念が育っていない場合には，一画一画書き始めの部分と終わる部分を意識できるように印をつけ，書かせるようにしている。

カタカナの書き方は，ひらがなより曲線が少ないため，書きやすい字が多い。ひらがなを学習した後に取り組むことがほとんどなので，カタカナで書く言葉を中心に練習する。

漢字は，よく使う曜日や「一〜十」の漢字から練習するが，教科書に出てくる順番にはこだわらず，簡単な形の漢字を多く学習するようにしている。漢字の形が捉えられるようになると，組合せを考えていくことで書けるようになる漢字は多くなる（例：「朝」＝「十」＋「日」＋「十」＋「月」）。

簡単な漢字の読み書きができるようになり，自分の名前が書けるようになってきたら，右のようなカードを準備し，毎日，朝の会で日付と曜日，天気，自分の名前を書くようにしている。

縦書きに慣れてきたら，横書きのプリントも作り，取り組むようにしている

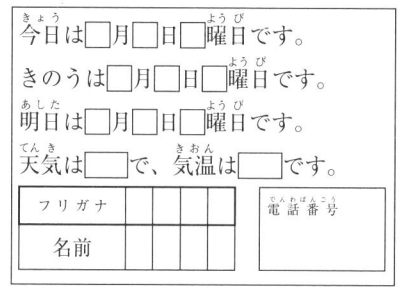

図2　朝の会で毎日書いているカード

（役所などで書く文書は横書きが多いため，将来のことを考えて取り組んでいる）。名前には，ひらがなとカタカナでふりがなをつけるようにもしている。

(5) 言語事項

言語事項に関しては，語彙を増やしたり豊かにしたりする学習や，言葉の使い方の決まりについて学習している。

語彙を増やす学習として取り組んでいるのは，給食の献立と材料をプリントに書くことである。給食のメニューも分からないまま食べている場合も多く，メニューや材料を知ることで，身近なところから言葉を増やしていきたいと考えている。

3．個々の実態に合わせて学習するために

特別支援学級においては，様々な実態の児童がおり，それに合わせて学習を進めなければならない。教科書で学習を進められない場合には，プリントやカードの工夫によって，柔軟に対応できるようにしたいと考えている。

（白石　侯明）

1．特別支援学級の特色ある実践

事　例 1－6	個別の指導計画に基づいた算数の指導

東京都文京区立礫川小学校

1．はじめに

　学習指導要領においては，お金の学習は実務の中にあり，数概念の形成において生活の場面で具体的に指導が可能で，大切にしたいことである。児童の実態を把握していくと，多くの児童はお金に興味を持ち，お金を使った学習になると目を輝かせて学習する場面が多く見られる。長年の算数の実践を通して，お金の学習をいろいろ実践していく中で，お金を使った学習が多くの場面で活用できることが分かってきた。

　そのような実践の積み重ねの中で，型はめ学習から，マッチング学習，点と点を結ぶ学習，点をなぞる学習，視写，聴写などの学習から始まって，一対一の学習，ものの個数を数える学習，それを数字で表す学習など数の基本となる学習を踏まえ，お金を数える，計算をする，買いものに役立てる，お金を払っておつりをもらう，かけ算を使って買いものをする，割り算を使ってお金を分ける，割引やパーセントを計算するなどの学習に広がることを学んできた。特に，10進法を学ぶに際して，お金の学習は非常に有効であることを実感することができた。

　下記の事例は，算数を担当した児童で，担当以前は，繰り下がりの計算に苦しみ，担当の初期は，引き算への抵抗がとても強く，それが他の学習にも影響を及ぼし，苦手と思うと，学習に取り組む以前に意欲も半減してしまう傾向の強い児童であった。ただ，お金への興味が強く，お金の計算や文章題となると不思議なほど意欲をを示し，何回か学ぶと身に付くことが多く，多くの場面で数の学習が意欲的に展開された。

2. 1学期の個別の指導計画（お金の計算を中心として）

学習内容	指導のめあて	指導の手だて
足し算	・足し算を使った問題に慣れ，自分で問題をつくり，解く。	・学習板や品物カードや多様な計算ドリルを用意し，視覚的にも興味が持てるように配慮し，グループでも学べるよう指導法の工夫にも努める。 ・お金を使った教材・教具を児童の実態に合わせて開発する。
引き算	・繰り下がりの問題に慣れ，正しく計算をする。自分で問題をつくる。 比較の問題を正しく解く。	
かけ算	・3位数×2位数の計算を正しく行い，お金を使って，問題を解いたりつくったりする。	
割り算	・余りのある割り算を正しく解く。 お金を使い，具体的に理解する。	
文章題	・具体的な問題で1万以上の数を使った計算や文章題を正しく解く。 ・四則を使った問題に適宜対応し，意欲的に問題を解く。	・グループでも学べる教材・教具を用意し，意欲的に学べる学習環境を整える。

（指導上の配慮）
- 個別的な指導の充実を図るとともに，グループ（3人）でともに学び合えるように教材・教具をつくり，学びを深めるように工夫をする。
- 黒板で使う教材，机の上で使う教材・教具の関係を勘案しながら指導を進める。
- 机の面を特に大切にし，お金などの教具を操作しながらプリント学習ができるように，教具やプリントの大きさに配慮する。

3. 教材と教具について

　個別の指導計画を有効に実践していく上で，児童の実態把握と教材・教具やそれに付随したプリント教材などの充実が不可欠である。お金を学習する上で，特に有効であったいくつかの教材・教具を例示し，それについて述べてみたい。なお，教材・教具づくりに当たっては下記のことに留意した。
- 型はめ，学習板，数え板などはシナベニヤを使って，丈夫なものにした。
- 教具に集中できるようにするために，写真，フェルト，ラミネートしたカードなど，視覚的に引きつけるものを使った。
- 教具の厚さ，重さなどにも配慮しつつ，磁石やスチールペーパーなどを利用

し，操作しながら学び，それをグループで共有できるようにした。
- 教材・教具と関連したプリント教材を多様に用意した。
- 数の系統性には，常に配慮し，児童の実態に即した学習内容を用意した。
- 学習板：厚さ4ミリのシナベニヤとスチールペーパーを使って，作る。学習内容や児童の実態に応じて，いろいろな大きさを用意しておく。スチールペーパーは，磁石がつくと同時に，ホワイトボード用のマジックで書いたり，消したりすることができるので，便利である。いろいろな教材を操作することができ，学習する上での基本となる教具である。

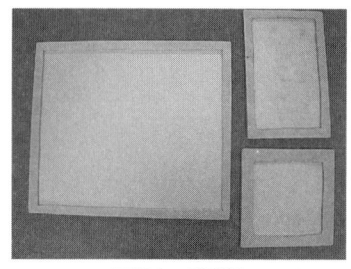

写真1　学習板

- 10進法の学習板：学習板の大きさは，30cm×22.5cmとするとよい。硬貨は実物を使い，裏に磁石を貼っておく（そのことで教材であることが分かる）。

　紙幣は，おもちゃの紙幣を縮小して作る。その際，印画紙を使うと，視覚的にも魅力のある教材になる。それに板磁石を貼り，紙幣の教材とする。写真2のとおり，厚手の色画用紙を使い，単位札や枠の線を作る。下に，硬貨や紙幣の数を書くとそれを表す金額になる。なお，足し算や引き算の確かめにも有効である。大きな数に学習を発展させる上でも有効である。

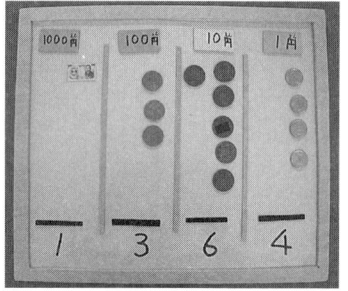

写真2　10進法学習板

- 品物カード：食べものを描いた絵を印画紙に印刷し，トランプ大のカードを作り，それをラミネートして作る。その上からマジックで値段を書くことができる（写真3）。
- 数えタイル：8ミリの厚さのシナベニヤを

写真3　品物カード

2.5×2.5cm に切り，そこに色画用紙に印刷した果物を中心とした絵を貼り，ボンドでコーティングして作る。また，フェルトに厚紙を貼り，丸くしたタイルも，数える学習にとって不可欠で，多様なプリント教材を併用すると，いろいろな学習場面で活用できる（写真4）。

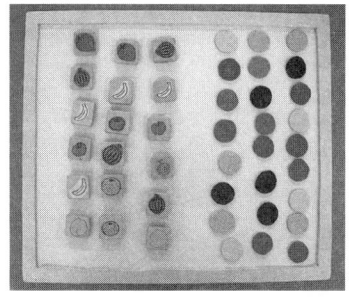

写真4　数えタイル

4．実際の指導について

指導計画を実践していく上で，下記のことに留意した。

- 基礎的な計算力を着実につけていく。

　数字の大きさ，問題数，多様な計算問題，マス計算の活用，宿題などの家庭学習，長期の休みでの宿題など，ドリル的な学習を年間を通して，児童の実態に合わせて取り組んだ。

- 文章を読み取り，それを式に表し，答えを求める。

　生活に根づいた問題を提示し，児童自身も問題をつくり，学習内容を深めつつ，特に四則を使った問題を常に提示し，自分で読み取って式を立てる学習を意図的に多くした。

- 写真など，視覚的にも関心を引く教材をつくり，問題づくりに努めた。
- 買いもの学習など，お金を使った学習を意図的に取り入れた。

5．まとめ

- 系統性について

　お金を使った型はめ教材やマッチング教材から四則の計算へといった系統性を持って学習を進める教材・教具を開発し，それに付随したプリント教材を用意しておくことは，指導計画を進める上で非常に有効であった。また，通常の学級において補習が必要な児童にとっても，有効に活用することができる。

- 10進法の指導について

　10進法を指導するとき，お金を使うと，10進法の原理が理解しやすくなっ

た。1000の位にも抵抗なく進めることができる。
- 大きい数への対応について

　お金を使うと，繰り上がりができなくても大きな数計算に進めることができる。その学習の積み上げがあると，繰り上がりなどの計算に進むとき，学習を円滑に進めることができた。

　なお，お金を使った学習を進める上で，今まで積み上げてきた数の学習の実践と併用していくことが重要である。加えて，家庭との連携を図り，買いものやお使いなどのお手伝いや小遣い帳を書くなど，数の学習が日常の生活と深くつながっていることを確認し合いながら学習を進めていくことが望まれる。

（斎藤　友代・根岸　久仁夫）

事例 1-7　外国語活動の指導

東京都江戸川区立二之江小学校

1. 外国語（英語）活動で育むコミュニケーション力

　平成19年4月，新人校長として着任したところ特別支援学級（知的障害児15名在籍：広汎性発達障害（高機能自閉症，自閉症），ダウン症，LD，ADHD等）においてコミュニケーション力育成を課題としていた。「不登校児や自閉症児が楽しく英語活動に参加したり，ALTと臆することなく話をしたりするという知見を得た」（W担任教諭）との実体験例が支えとなり，平成19年7月より週1回，JTE（日本人英語教師）・担任・校長で全学年合同の英語活動を実践するに至った。本稿は平成21年3月までの実践に基づくものである。

2. オーラルイングリッシュによる授業

　JTEはT_1とし，すべて英語による活動とした。担任（4人）はT_2として，児童一人一人に英語と日本語によるコミュニケーション上の支援を行う。目標を，①英語活動の楽しさや，英語を使ってコミュニケーションする喜びを体験することで，英語や日本語によるコミュニケーションの関心・意欲を育むこと。②英語の歌，リズム遊び，ゲーム，全身を使った活動などを通して，英語の音声に慣れ親しむとともに，積極的にコミュニケーションを図ろうとする素地を養うこととした。

3. 大きく変容していく子どもたち

　平成19年7月，歌やチャンツに対しては大半の児童が興味を持った。しかし，聴覚過敏や騒々しさが苦手な児童は耳をふさぐなどの行動を示した。9月，数字や果物，野菜の名前など，児童に身近な題材を取り入れた。発音が曖昧でも，どの児童も臆せず積極的に参加しようとする姿が目につくようになる。関心がないかのように映っていた児童が突然挙手をし，"apple"と発言する姿が見られた。10月，月・曜日・天気など身近な事象を導入したところ自信を持って英語で表現しようとした。ほほえみながら"Good morning"（朝昼関係なく）と

うれしそうに近寄ったりする姿が見られるようになってきた。11月〜12月，色や動物，クリスマスといった季節的な行事を多く取り上げた。自分の得意なことや関心の高い場面では，様々な方法で自己表現をしていたが，多くの児童が"Here."と言いながら挙手をすることが最も有効なコミュニケーション手段であることに気付いたようである。英語活動が大好きなA（女児，4年，10歳，高機能自閉症，IQ69）は，活動が終わりに近づくと大声で"Oh no."と言いながらJTEに駆け寄りしがみつくという行動を示し始めた。1月〜3月，読み聞かせでは，話の内容を理解できる児童はごく限られていたが，ほとんどの児童がしっかりと聞き入っていた。英語活動最終日の別れ際に"See you."と目に涙を浮かべながら手を振るAの姿があった。

4．実践2年目，さらにコミュニケーション力の向上

平成20年4月〜平成21年3月，活動回数は20回。指導方法は前年度と同じである。児童は昨年から取り上げているBINGOという曲を気に入り，休み時間にも楽しそうに歌っている姿があった。9月〜10月，英語でコミュニケーションを図る相手がT_1からT_2へと広がった。半数程度の児童が担任の話す英語を聞き取り，指示されたとおりに課題を遂行できるようになった。11月〜12月，JTEと児童の双方向コミュニケーションから抜け出すため，新しく「買いもの」単元を入れた。通常の学級では児童を店側と客側に分け，教師のデモンストレーションを行えばよいところだが，わかくさ学級では容易ではない。しかし，児童の関心が高いため継続した。1月〜3月，「買いもの」に対する興味や関心は依然として高く，教師と児童，児童と児童間の活動等で，時間の経過を忘れるほどであった。そこで児童のコミュニケーション力のレベルに応じてグループに分けた。商品はプラスチック製の実物大野菜と果物とした。

5．事例の紹介（B，男児，3年，9歳，自閉症，IQ44）

平成19年7月，Bは大部分の生活に介助が必要であり，数少ない日本語で担任や特定の人にのみ伝えられ，指示への反応はできるが適切ではない。こだわりが強く，言葉を繰り返して覚えていることもある。英語活動開始当初，一体何が始まったのか，日本語とは違う言語を目の当たりにして驚愕していた。9

月，英語の歌 BINGO がお気に入りとなり，授業以外に口ずさむようになってきた。何度でも繰り返すので何度でも歌うよう仕向けた。それは平成20年の音楽会での曲目となった。10月，"Good Morning"と，時間・場所にかまわず大きな声で言う。つまり，日本語の「こんにちは」に該当すると思っているのであろうか。"How are you?"を何度も繰り返すに至った。6月，地下鉄に乗り全児童を近隣のスポーツセンターに引率した。江戸川区は近年インド人が多く住まうようになり，この日も地下鉄に乗車していた。Bは引率者の手を振り切って若いインド人（男性）に近寄り，"Good Morning. How are you?"と言ったのである。驚いたのはインドの方である。ていねいにBに英語で挨拶された。「来日して2週間，とてもうれしかった」とのことであり，小さな国際親善ともなった。Bにとって日本語以外の言語が通じると思ったことは異文化理解ができたのであろうか。また，臆することなく英語で話しかけたことは周囲にいた友人に少なからず影響を与えた。

6．英語活動の効果的な進め方

- 児童によっては言葉が出ない，かすれ声で聞き取れないことがあるため，発音の正誤や声の大小など発語のみに焦点を当てるのではなく，「積極的にできた」ことを評価する。実際に声が出ていなくても必要以上に働きかけたりしない。口元を注意深く見ると何とか発声しようと努力をしている（ダウン症児）。そうした場面を見つけ，それを賞賛することが次の意欲につながる。

- 児童の混乱を避けるため，毎時間の授業で使う教室英語，ジェスチャー，表情など，授業の一連の流れをパターン化する。自閉症児の特性として，普段と異なったことをする場合，奇声を発するなど気分が高揚することがあるので留意したい。毎朝，校門前で挨拶するなどパターン化することも大切であり，また，英単語を少しでも多く覚えられるようにすることは個人差があるので留意する。

- 授業の開始と終了を明確にすること。英語活動に入る前，担任はT_1であるJTEと手と手を合わせることで，これから英語活動が始まることへの認識と期待感が持てるようにする。区切りをつけない活動は単なる遊びとして捉

えてしまいがちである。楽しい授業の中にもルールがあり，ルールを守ることにより，児童と教師，児童と児童が真に向き合える。
- 授業開始時にJTEがネームタグ（名札）を手渡し，握手をすることで教師と児童の信頼感，一体感が生じ，授業が円滑に進む。貴重な活動時間が無駄になると思うあまり，この活動がおざなりになることがある。しかし，決して無駄な時間ではなく，授業のウォーミングアップと考えるべきだ。これを省略したことがあったが，心の通わない授業となった。
- 絵カード等の視覚的な教材，模型等を利用した提示の工夫，体験的活動を多く取り入れること。また，個に応じた支援を継続することで，児童は自分の好きな場を見つけて活動できるようになる。「買いもの」では客と売り手に分かれて，「何を差し上げましょうか」「バナナ1本ください」「ありがとうございます」等の体験的活動を喜んで行い，児童にとって関心が強い。
- 全身を使う歌がよい。発話できない児童も何とか声を絞り出そうと懸命に歌っている姿には感動すら覚える。BINGOは特に効果があった。CDよりも教師の声の方のが効果があり，農夫の服装で登場すると雰囲気が出て児童の関心・意欲をいっそう高める。英語活動にのみ終始せず，音楽会，学芸会等でも取り上げるとさらに効果がある。

7．今後の課題

　新たな教授法の開発など技術面の向上も図られなければならない。これまで全学年一斉授業を展開しているが，各学年や児童の障害に応じた指導法や指導計画の開発と作成が急がれる。自閉症などは多くがまだ解明されていない分野でもあり，脳科学の分野における分析と解明も進められなくてはならない。これまでの実践から得られた知見を参考に，さらに児童の積極的なコミュニケーション力を高めるための評価を行う。　　　　　　　　　　　（小林　省三）

〈参考図書・文献〉
文部科学省（2009）『特別支援学校学習指導要領』海文堂出版
小林省三（2008）「自閉症の子ども達に英語活動を！」（『自閉症教育の実践研究』11月号，明治図書出版）
小林省三（2009）「自閉症児にコミュニケーション力を育む英語活動」（『アジア文化研究』6月号，国際アジア文化研究所）

事例1-8　生活単元学習 ——ウォーターランドの完成だ！——

高知県高知市立朝倉第二小学校

1. はじめに

本校は，児童数約940名の大規模校で，特別支援学級は5クラスあり，わかくさ学級1組（知的障害学級）には6名の子どもが在籍している。本学級は生活単元学習を中心に子どもたちが主体的に学校生活を送っていけるように，体験的な活動を大切に様々な単元を組んで学習を続けてきた。

2年生と4年生の子ども2名の他に，この4月に入学した明るく元気で個性的な新1年生が，どうしたら学習活動に参加できるようになるのか悩んだ。

2. 集団の学習活動の中に

6名でスタートした4月。新1年生はそれぞれの興味関心に走り，教室から出て行く子ども，教室内の本やおもちゃから離れない子ども，不安で表情の硬い子どもなど様々な様子を見せていた。そうした子どもたちが，少しでも一緒に活動できる学習の場面をつくっていきたいと単元を組んでいった。

最初に取り組んだのが「歓迎会をしよう」である。入学してきた1年生と，新たに赴任してきた先生方や子どもたちの協力学級の担任の先生に，自分たちが焼いたクッキーを食べてもらうことにした。これは，教室からの飛び出しが多く，不安になるとパニックを起こしやすい子どもがクッキーが大好きだったので組んだ単元である。次に取り組んだのが「運動会を成功させよう」である。本校は5月に大運動会を行っている。わかくさ学級は，運動会の看板を毎年制作するとともに，プログラムの中に4年生とわかくさ学級の競技を組み入れて，一緒に取り組んでいる。この単元では，こだわりの強い子どもが保育園のときに段ボールを使ってロボットを作ることが好きだったということを聞いていたので，段ボールを組み立ててロボットの看板を作ることにした。また，4年生との競技では，段ボールを積み上げてピラミッドを作る競技に挑戦した。

このように，集団に入りにくい子どもたちに焦点を当てて単元を組み，少し

1．特別支援学級の特色ある実践

ずつ集団の活動の中に入っていけるようにしていった。

3．ウォーターランド構想

　6月になると暑さが増してくる高知では，6月の初旬から水泳の授業が始まる。運動会が終わり次の単元を考えたとき，水遊びを中心とした単元を組み立てたいと思った。水遊びは，6名全員が興味を持っているので，この内容なら全員が意欲的に取り組める単元が組めると考えた。

　わかくさ学級の教室の南側には足洗い場がある。昨年まではそこに簡易のビニルプールを置いたり，ブルーシートを張って水をためたりして，プール配当がない日や畑作業などで汗をかいたときに水遊びをしてきた。しかし，足洗い場自体はあまりきれいな場所とはいえず，壁や床などはカビや汚れで黒ずんでいた。本単元では，その足洗い場をきれいに整備して，いつでも楽しく遊べる場「ウォーターランド」を建設していこうという単元である。建設に当たっては，足洗い場の掃除や壁塗り，壁面の飾りなどをすることによって「ウォーターランド」を完成させようとする意欲を高め，ともに力を出し合って一つの目的に向かって協力していってほしいと考えた。

4．ウォーターランド会議

　まずは思う存分に水遊びを楽しむことにして，昨年までと同様にブルーシートを張り，ビニルプールを出して水遊びをした。また，手作りおもちゃも作ってみんなで水遊びを楽しんだ。単元の途中からは，わかくさ学級3組（自閉症・情緒障害学級）の子どもも参加して一緒に取り組んでいった。そうした中，この場所をもっと楽しく気持ちよく遊べる場所にしていこうと「ウォーターランド会議」を開いた。子どもたちと話し合いを続ける中で「そうじをしよう」「海のような場所にしたい」「魚や貝の絵をかいて貼りたい」など，様々な意見が出てきた。さらに，わかくさ学級3組の子どもから「壁に色を塗るなら校長先生に許可をもらわないといけないよ」との意見も出た。話し合いが進むにつれて子どもたちの頭の中にイメージがふくらみ，意欲が高まっていくのが感じられた。

5．ウォーターランド建設許可書

　子どもたちが緊張した面持ちで校長室に入って行った。代表の子どもが「ウォーターランド会議」で話し合ったことを一通り校長先生に説明をした後，「ぜひウォーターランドを作らせて下さい」と大きな声でお願いをした。校長先生からは「協力して作ってください。楽しみにしていますよ」と子どもたちに激励の言葉をいただいた。また，後日職員室で建設許可書をもらうことになった。校長先生の大事にしている特別な万年筆でサインをしてもらい，校長印を押してもらって正式に建設の許可が下りた。

6．ウォーターランド建設工事開始

　いよいよウォーターランドの建設工事が始まった。最初は大掃除である。水着に着替えた子どもたちがデッキモップを持って今までたまっていた汚れや黒カビを落としていった。粉末の洗剤をまいたり水を流したりしながら一生懸命にこすっていった。黒ずんでいた壁や床がどんどん白く変わっていき，作業終了時には見違えるほど明るい場所になっていた。

　次は，壁のペンキ塗りと海の生き物の絵を描いていった。ペンキ塗りは壁の凹凸に悩まされ，思いのほか，ペンキがつきにくく何度も何度も繰り返し塗っていかなくてはならなかった。当初は刷毛で塗ることも考えていたが，低学年の多いわかくさ学級の子どもたちにはローラーの方が塗りやすいだろうと考えた。ただ，壁と床の角や水道などの突起物がある所は4年生の子どもに刷毛で仕上げてもらうようにした。海のイメージに合うような真っ青なペンキが日に日に塗り広がっていく様子は，「明日もがんばろう！」という意欲につながっていった。また，海の生き物の絵は，絵が描ける子どもは本を見ながら描き，絵を描くことが苦手な子どもは印刷された魚のプリントの色塗りなどをした。出来上がった絵はラミネーターにかけて濡れても大丈夫なように仕上げていった。

7．海の視察

　高知市の特別支援教育研究会の交流会の一つに「磯遊び」があり，毎年6月の大潮の日に市内の特別支援学級の子どもが海に出かけている。この交流会はわかくさ学級の子どもたちも大好きで毎年楽しみにしている。今年の「磯遊

び」はウォーターランド建設の一環として取り組み,「海にはどんな生き物がいるのか調べてこよう」「海の視察だ」と呼びかけて出かけた。保護者もたくさん参加してくださり,子どもたちの海の生き物探しに大きく貢献をしてくださった。また,今回の交流会にはわかくさ3組の子どもは参加できなかったが,「A君のために生き物をいっぱい捕まえたよ」「写真に撮ってA君に見せてあげる」など,参加できなかった友だちへの気配りを見せる子どももいた。

8. オープニング式典

　海の視察から帰ってきてからは建設工事も急ピッチに進み,青く澄んだ海のようなウォーターランドが出来上がった。そして,オープニング式典の日を迎え,保護者も交えての式典を開催した。来賓として校長先生と本単元を行っていくに当たってアドバイスをいただいた教育研究所の先生をお呼びした。その他にも,日頃お世話になっている先生方も参加してもらい,盛大な式典となった。また式典を盛り上げようと,この日のために子どもたちと紅白蒸しパンを作ったり,くす玉を作ったりもした。式典は子どもによるオープニング宣言に続いて,来賓の方のお祝いの言葉,くす玉割り,そして最後にテープカットで終了した。終了を待ちわびていたように,子どもたちはウォーターランドに入っていった。子どもたちの弾けるような笑顔と歓声,それをうれしそうに眺める保護者や先生方のほほえみに包まれた式典となった。

9. 終わりに

　ウォーターランドはその後も子どもたちの楽しい場所の一つとして使用している。また,噂を聞きつけた他の学級から「浮かぶおもちゃを作ったから,ウォーターランドを使わせてほしい」との要請もあり,多くの子どもたちに利用してもらっている。

　4月当初ばらばらだったわかくさ学級の子どもたちを,何とか一つにまとめていきたいと取り組んできた。まだまだ課題はあるものの,本単元を通じてそれぞれの子どもたちが同じ方向を向いて協力することの喜びを,少しは味わえたのではないかと考えている。今後もこうした活動を大切にして,子どもたちの意欲を引き出し,笑顔の弾ける活動に取り組んでいきたい。　　（谷　雄二）

事例 1-9	生活単元学習 ──宿泊学習（合同学習）──
	東京都杉並区立高井戸第二小学校

1．宿泊学習を生活単元学習で取り扱う意義

　杉並区では，特別支援学級の3年生～6年生と区立養護学校の4年生～6年生とが，富士学園を利用して合同で連合移動教室を実施している。本校では，3年生から6年生まで4回体験できる，領域・教科を合わせた指導と捉え，子どもたちが経験を繰り返していくことでらせん状に成長し，自主的な取組ができるよう指導内容を選択，組織している。児童が，体験を通して分かる，見通しを持つ，自主的に課題を選択し解決していく，友だちに教えたり，他校の児童とも交友関係を持つなど，体験を広げ，確実にしていくことが期待できる。

2．合同学習の成果

　区立小学校に併設されている特別支援学級が通常の学級と行う交流学習は，行事への参加，各学年の校外学習，なかよし班活動，交流給食等である。また，特別支援学級と養護学校との連合行事は，移動教室（宿泊学習），連合運動会，連合展示会である。特別支援学級の児童が，自分たちが主体となって，多くの係を担い，活動していくのが連合行事となっている。移動教室を終えての感想から，本校の児童には「他校の友だちができて楽しかった」「放送係でマイクで言った」「閉園式で司会をした」ことが印象に残ったようである。宿泊学習に当たっては，①児童が分かるめあてを持つ，②自分の係に責任を持つ，③自己紹介や持ち歌をみんなの前で発表することで，他校の児童に名前を覚えてもらったり，好きなことや得意なことで親しくなり，学級より大きな集団で過ごすことができ，自信を持って参加できるようになる，などを指導しておくとよい。

3．単元のねらい

○宿泊学習を通して自立した生活態度を養う。
○他校との交流を通して自分たちの役割を果たす。

4．学習の内容
　連合移動教室の学習内容としては，次に挙げた内容が考えられる。
(1)　連合行事としての係
　　開・閉園式の進行，児童代表の言葉，放送（入浴，食事，花火・集会・レクリエーション・朝会案内），食事のあいさつ（いただきます，ごちそうさま）
(2)　高二小としての係
　　学級紹介，レクリエーションの進行，ダンス・ゲームのモデル，閉園式の進行，児童のことば（お礼のことば）
(3)　班活動の係
　　班長（班員をまとめる），水筒・弁当・シーツ係，おやすみなさい・電気係
(4)　個人の活動
　　自分のめあてを決める，宿泊の荷物に関する学習，ハイキング，買いもの学習と記録（おみやげ買い），日記・はがき書き，自己紹介と持ち歌の発表，健康の記録（検温，食事，排便，薬）

5．富士学園のしおりの活用
　学習のしおりは，Ｂ５判で表紙は教育委員会で共通のカラー刷りとなるが，中は各学校の特色を生かした単元帳とする。本校の内容は，以下の通りである。
　①月日・場所，②一緒に行く学校（前期・後期にわかれる），③班・部屋割，④ぼく・わたしのめあて，⑤予定・日記・先生記入欄，⑥係の仕事（高二小の係，仕事メモ，部屋の係），⑦持ちもの（ナップザック，リュックサック，リュックサックのポケット。なお，衣類は１日目の袋，２日目の袋，お風呂セット，パジャマはそれぞれ予備の袋に入れる），⑧学級紹介，⑨ハイキングの地図，⑩健康観察表，⑪おみやげの記録，⑫緊急連絡先，⑬自己紹介・持ち歌の歌詞，である。
○「めあて決め」については，普段の学習において，めあて決めを身近な具体的なことから選択するようにしておくことで，児童自身が意識して実行できることが大事である。事後の評価も自分が主体となって行うことができる。
○係の仕事メモを書いておくことにより，いつでも練習したり，本番では自信

- を持って読み上げることができる。
- ○「持ちもの」のチェックや「健康の記録」は，児童が書きやすい欄に工夫すると自分で記入できるようになる。
- ○自己紹介は，日常の朝の会などで繰り返し練習し，メモを持っていることで分からないときは，手がかりを見ながら自信を持って発表することができた。
- ○「おみやげ」について，事前に写真を見せたり，家庭で相談して記入するなど，買いもの学習に期待を持って臨む児童が多い。買いものは，楽しみの一つである。
- ○「しおりの学習」でページをはっきり記入してあると，ページをめくって共通ページを開くことができるようになる。ページをめくること，しおりのどこを見て答えるか，集中力が必要になる。繰り返し行うことで，児童の興味が高まり，先生の意図したところに目を向けることができるようになる。

6．生活単元学習の取組

(1) 校外歩行にでかけよう

　新しい学年になった4月から月2回程度，校外歩行に出かけている。隊列になってペアの児童と並び，前のペアのスピードに合わせて1年生から6年生までが一団となって進む学習である。班行動や，班員の点呼や班長の役割も少しずつ教えていく。また，グループからはずれてしまう児童についてもよく配慮するようにしている。毎回，「公園での遊び」「階段の上り下り」「おやつ」など，目標や楽しみをはっきり児童に伝えてから出発している。

(2) 買いもの学習

　月1回の調理学習に向けて，学校の近くのスーパーに買いものに行っている。国語・算数の力と生活力を実際の場面で体験できるよい機会である。また，自分の買う材料を覚えて（メモや写真カードを手がかりに）買いものをする。買うものを選ぶ，レジに持って行く，お金を払う（適当な金種を出す），おつりとレシートを財布に入れる，買ったものを袋に入れるといった一連の行動が積み重なって，買いもの学習が一人でできるようになる。売り手との対応の中で社会とつながるよい体験の機会となっている。宿泊，遠足

1．特別支援学級の特色ある実践

では，家庭へのおみやげを自分で選んで買っている。財布は，児童が扱いやすいものを選ぶ。

(3) 自己紹介と持ち歌

　自己紹介と持ち歌練習は，自分のことを相手に知らせたり，人の話をよく聞くという意味で日頃から大切にしている。「私の名前は，○○です」「好きな食べものは，○○です」「勉強は，○○が得意です。よろしくお願いします」「○○を歌います」「終わります」といった模範を示し，「しおり」にも記入して覚える。しおりを見ながら言ってもよく，マイクではっきり言う練習をしている。自分の持ち歌を決めて，人前ではっきり歌うことは自己表現の一つとして完成しておきたい。一人で歌えない児童には，リレー唱がお勧めである。他校の児童から歌で誉められることも多い。

(4) 荷物の整理

　宿泊の荷物は，衣類の着替えについては色別の袋に入れ，部屋の棚にも色別カードで示したところ，荷物整理がスムーズに行え，必要なときに取り出すことができた。事前学習として，色別衣類の分類を学習し，部屋の棚に似た棚を利用した練習で効果が上がった。

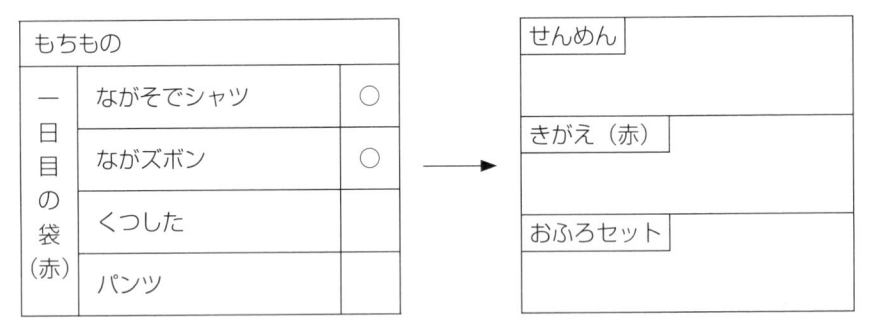

もちもの		
一日目の袋（赤）	ながそでシャツ	○
	ながズボン	○
	くつした	
	パンツ	

→

せんめん
きがえ（赤）
おふろセット

(5) お風呂体操

　音楽に合わせ，歌詞に従って体全体が洗えるようになっている。「最初は，首」「次は，腕」など毎年取り組んでいるので，児童もよく覚えて手を動かしている。宿泊のお風呂でも，口ずさみながらきちんと洗っている姿が見られた。

(6) 布団敷きとタオルかけを練習しよう

　布団敷きや，布団たたみ，二人でシーツ敷きやシーツたたみの練習をした。二人組の活動は，相手を見ながら動くので機会を見つけて取り組みたい。タオルをきちんと二つ折り（角合わせ）にしてかけることも覚えておきたい。

(7) レクリエーションと閉会式を成功させよう

　宿泊学習において，他校との交流も目的の一つになっている。今年度の本学級の係は，「レクリエーション」「閉会式」である。司会，ゲームの説明や模範，児童の言葉など事前に十分練習して，進行がスムーズに行われるよう配慮する。本番ではみんなの前で緊張していたが，終わるとほっとした表情と自信に満ちた笑顔が見られた。

(8) 健康に注意しよう

　しおりの「健康観察表」による事前から事後に及ぶ検温，食事の状態，排便，服薬の記録をなるべく児童が記入できるようにしていきたい。数字がはっきり見える体温計もあるので，持ちものに工夫があるとやりやすい。

(9) 日記とはがき書き

　しおりの中（見開き予定表の横のページ）にある日記スペースに，予定表で当日あったことを確認したり，思い出して日記を書いている。児童には，何に興味を持ったのか，何が楽しかったのか，その日のうちに振り返らせておきたい。家の人に体験したことをはがきに書いて出す。宿泊から帰ってきて，作文や絵で振り返ることも有意義である。その際，写真などの手がかりがあると，どの児童も取り組みやすい。

(10) 評価

○「夕食のとき，水筒を持って廊下に並ぶ」「お風呂のとき，脱いだ服をきちんとたたむ」「司会をがんばる」など，児童のめあてはなるべく具体的な方がよい。できれば，その場で評価したい。個人の評価は，班のみんなで共有したい。そして，昨年に比べてどうだったかということを指導者同士で話題にしたい。「今年は，2回目の参加で自信を持って行動できた」「昨年は部屋で見た花火が，園庭に出て見ることができた」「昨年に比べて

よく眠っていた」「おみやげ買いではずいぶん迷っていたが，自分で決めることができた」「昨年できなかったペアの児童同士手をつなぐことができた」などである。そして，3年から6年の「成長の経過」を理解し，自立への最大の学習機会を有効に利用したい。
- 一緒に行動した100名余り（含・指導者）の中で，自校が担う役割，自分の役割を果たすことによって，連合移動教室が進行する。上級生や他校の児童の活動を見て，自分の体験したことと重ねて次年度への希望が持てるとよい。

(11) まとめ
- 3年〜6年まで毎年参加できるので，らせん状に成長していく様子が期待できる。児童自身が見通しを持ち，安心して活動できるので，学級で重点目標となる事項に力を入れて事前，本番，事後学習に取り組むことができる。
- 学習内容が豊富なので，児童に合わせて工夫する余地が多く，「めあてを児童自身が意識して取り組めるか」教師の力が問われる単元である。

(野村　須美子)

事例 1-10 交流及び共同学習

千葉県四街道市立四街道小学校

1. 仲間としての関係を深める

本校は，児童数が900名を超える大規模校である。特別支援学級は，4学級（知的2／情緒1／言語1）ある（平成21年5月1日現在）。

本校では，校内の＜交流及び共同学習＞を次のような形で行っている。

表1　四街道小学校の＜交流及び共同学習＞の概略

種　類	活　動　の　例　（場面，内容）
行事での交流	・特別支援学級の児童が，交流学級の一員として運動会や校外学習に参加する。
授業での交流	・特別支援学級の児童が，交流学級の授業（音楽や体育など）や，クラブ活動，委員会活動に参加する。 ・通常の学級の児童が，特別支援学級の活動を見学したり，体験したりする。
生活の交流	・特別支援学級の児童が，交流学級の朝の会や帰りの会，給食や清掃活動に参加する。 ・通常の学級の児童が，特別支援学級の教室清掃を手伝う。
日常の交流	・休み時間に，お互いの教室や校庭で一緒に遊ぶ。 ・特別支援学級の廊下に児童の作品を掲示し，学習の様子を紹介する。
保護者への広報	・学校だよりで，特別支援学級の様子を紹介する。 ・新入生保護者説明会で，特別支援学級の様子を紹介する。

＊交流学級：特別支援学級の児童が所属している同学年の通常の学級を指す。

中心となる活動は，授業や行事での交流である。特別支援学級の児童と交流学級の児童が一緒に活動することで，＜同じ学級の仲間＞として関係を深め，お互いに高め合っていくことが目標である。交流を深める様子が他学級の児童に伝わっていく中で，＜同じ学校の仲間＞という意識も全校に育っていく。

2. 特別支援学級の児童が主役として

特別支援学級に在籍している児童は20名近くおり，交流学級で過ごす時間数や，一緒に活動する内容も様々である。ここでは，「ふれあい運動会」における交流及び共同学習を紹介する。概略は，次のとおりである。

表2 「ふれあい運動会」における交流及び共同学習

過程	特別支援学級の活動 (生活単元学習)	交流学級の活動 (学級活動)
事前	・運動会に向けての練習をする。 ・交流学級の仲間に発表する原稿を読む練習をする。	・交流学級担任から，○○さんがふれあい運動会に参加することを聞き，関心を持つ。
交流	・運動会の前日，交流学級の教室で，ふれあい運動会の内容や自分の目標を発表する。	・○○さんの発表を静かに聴き，楽しみにしている様子を知る。ふれあい運動会に関心を高める。
当日	・ふれあい運動会に参加する（地域の学校が合同で行う校外の行事）。	・交流学級担任から，ふれあい運動会の当日であることを聞き，○○さんの様子を予想して話し合う。
事後	・運動会の様子を，交流学級の仲間に発表する練習をする。	・運動会の翌日に，朝の会等で，○○さんをねぎらう。
交流	・各交流学級の代表を招いて，運動会の様子を紹介する会を行う。 ・交流学級の仲間と，当日行った種目（バルーン運動）を一緒に楽しむ。	・各学級の代表が発表を聴く。自分の学級に戻り，級友に報告する。 ・希望する学級の児童が，特別支援学級の児童とバルーン運動をする。
	・運動会の様子を壁新聞にまとめ，廊下に掲示する。	・壁新聞を読み，○○さんや特別支援学級の仲間に関心を高める。

＊「○○さん」は，特別支援学級の児童（各交流学級に1・2名）を指す。

「ふれあい運動会」は，特別支援学級の児童の大半が参加している校外行事である。児童が毎年楽しみにしており，終わった後の満足感も高い。しかし，校外行事のため，交流学級の児童はその様子を知ることができない。そこで，表2のような活動を行って，様子を知らせるようにしている。この活動では，特別支援学級で学ぶAさんやBさんが「ふれあい運動会」に楽しく取り組む様子を交流学級の仲間に伝えることが中心になる。そのため，AさんやBさんが＜主役＞として活動する場面が多い。

　明日，わたしは青い麦の子ふれあい運動会に行ってきます。
　バスに乗って，佐倉市民体育館に行きます。玉入れや，ダンスをします。
　わたしは，ふわふわパラシュート[バルーン運動]をするのが楽しみです。たくさん練習しました。
　一日がんばってきます。行ってきます。

資料1：運動会前日に交流学級で発表する原稿の例

例えば，運動会の前日に交流学級で運動会の内容や自分の目標を発表する。AさんやBさんも，「みんなに聞いてもらう」ことを意識して，事前に原稿（資料1）を何度も読んで練習する。交流学級の仲間に発表し，拍手を受けることで，自信が高まる様子である。

3．交流学級の児童の変容

表2の活動は，交流学級の児童にとっても，「自分たちの学級の仲間」であるAさんやBさんが特別支援学級でどんな活動をしているかを知り，関心を深める機会となっている。

Aさんが「行ってきます」の挨拶（資料1）を元気よく発表できたときは「上手だね」と感想を述べ，Bさんが緊張してつかえてしまったときは「がんばれ」という表情で見守る。いずれの場合も，発表が終わると，「楽しんできてね」「がんばってね」「行ってらっしゃい」という声が上がる。

AさんやBさんと一緒に，バルーン運動（資料2）を体験する場面では，Aさんたちと楽しさを共有することができる。バルーン（ナイロン製の大きな円形の生地）の周囲を児童全員（50人くらい）で持ち，曲に合わせて回ったり上下に動かしたりしていく。全員の視線と息が合うにつれて，バルーンがきれいに波打ったり，空気をいっぱいに含んでふくらんだりする。お互いが協力してバルーンの形を変化させていく楽しさに，どの児童も笑顔になる。

```
1．はじめのことば
2．参加者（交流学級代表）の紹介
3．運動会の様子の紹介
    ・場所や参加した人数
    ・種目の内容
    ・当日の感想
4．交流学級の児童からの質問
5．種目の体験（バルーン運動）
6．感想の発表
7．おわりのことば
```

資料2：「ふれあい運動会」の様子を紹介する会の流れ

このような体験や，表1にあるような活動を通して，交流学級の児童たちは「自分たちの学級の仲間」としてAさんやBさんの個性を理解していく。

例えば，Aさんが突然落ち着きがなくなったり，Bさんが大きな声で泣き出したりすることがあったとき，「何か嫌なことがあったのかな」「何か悲しいことがあったんだな」と察するようになる。そばにいる児童が，AさんやBさん

に「どうしたの？」と問いかけるようになる。特別支援学級の担任教師に「さっき，Ｂさんが泣いていたけれど，どうしたんですか」と尋ねにくる児童もいる。仲間として気づかい，思いやる姿の現れといえるだろう。

4．鍵は教員同士の連携

校内で行う交流及び共同学習の鍵は，関係教員の連携にある。教員相互の連携が進むにつれて，児童相互の関係も深まっていく。

例えば，特別支援学級でＡさんを担任している教師は，交流学級の担任教師（ひいては全教職員）にＡさんの得意な面や苦手な面を伝える。本人の希望や保護者の意向も伝える。その上で，行事や教科の交流及び共同学習で何を目標にするか，そのために配慮することは何かを相談していく（このとき，「個別の指導計画」を基に相談を進めていくことが理想なので，現在，その仕方について検討を行っている）。表２のような活動を行う際も，担任（担当者）同士で，日程の調整や役割の分担を事前に確認しておくことが活動の成否を左右する。

交流学級の担任教師が，「自分の学級の一員」としてＡさんによく声をかけていると，交流学級の児童もＡさんに気軽に話しかけるようになっていく。すると，交流学級へのＡさんの所属感が高まり，自分から挨拶をしたり話しかけたりする場面が増えていく。同様に，Ａさんは自分によく声をかけてくれる他の職員や仲間にも，自分から挨拶をしたり笑顔を向けたりするようになる。

以上のことは，Ａさんの場合に限らず，特別支援学級に在籍するＢさんやＣさん，Ｄさん，Ｅさん…の場合にもすべて同様である。それぞれの児童の個性について，特別支援学級の担任教師が全教職員に共通理解を図り，一貫した対応ができる体制を整えていくことが大切である。 （川合　立也）

事例 1-11　交流及び共同学習 ——生活科——

高知県高知市立横浜小学校

1. はじめに

　本校には，知的障害学級と情緒障害学級が設置されている。交流及び共同学習については，全教職員が，特別支援学級の児童と通常の学級の児童がお互いの違いを認め合い，ともに学び，支え合い，励まし合う人間関係を築いていくための基盤づくりとなる重要な活動と押さえ，取組を進めている。

　本校では，特別支援学級の児童が通常の学級の授業に参加する形での交流及び共同学習と，特設した時間での交流及び共同学習を行っている。このうち，特設した時間での交流及び共同学習は，それぞれの学年ごとに指導目標を立て，あらかじめ作成された年間計画に従って，実施している。

2. 2年生との交流及び共同学習の実践例

　本校の第2学年には3学級があり，すべて特別支援学級の交流学級である。それぞれの学級にA子，B子，C男が所属し，継続して交流している。

　3名のうち1名は，1年生の頃から音楽，体育などの教科や給食で交流の機会を多く経験しており，交流学級の友だちとも仲よく遊ぶことができている。その他の2名は今年度から給食交流の時間を持つようになり，少しずつ交流学級の友だちとかかわることができるようになってきたところである。

　9月には，2年生が生活科で取り組んだ「おもちゃフェスティバル」に特別支援学級の児童を招待してくれる形で交流し，工夫をこらした手作りおもちゃで一緒に楽しく遊ぶ機会を持った。このような特設の交流及び共同学習の時間や日々の交流を通して，2年生の児童も特別支援学級の児童に慣れ親しんできて，給食の時間に特別支援学級の教室まで誘いに来てくれたり，休み時間に廊下で出会ったときなど気軽に声をかけてくれたりすることが増えてきた。

　さて，特別支援学級では，ものづくりや仲間とともに働く生活など，生活単元学習を中心とした学校生活を送っている。本年度は，学期ごとに，栽培活動

の収穫物を利用したお菓子や飲み物を作って喫茶店を開き，教職員や全校の友だち，保護者に来てもらうという単元を設定し，「ゆうかり喫茶店を開店しよう」という取組を継続して展開してきた。喫茶店の開店に向けた準備過程で，児童は様々なもの作りや，お菓子作りをする経験を重ねてきた。周囲の人とのかかわりの中でいろいろなものに働きかけながら，繰り返して活動するうちに，意欲的に自信を持ってできることを増やしてきた。

学期に1回，喫茶店を開いたが，このうち秋のゆうかり喫茶店で作ったお菓子「そばぼうろ」を，「おもちゃフェスティバル」に招待してもらったお礼として2年生にプレゼントしたところ好評であった。

一方，2年生は，生活科の取組として，9月からソバを育てており，収穫したソバの実からそば粉を作る活動を計画していた。そこで，2年生が栽培したそば粉を使って，一緒にそばぼうろを作れば，2年生と特別支援学級それぞれの取組を連結させた交流及び共同学習ができると考えた。

単元 「そばぼうろを作ろう！」

特別支援学級の児童は，そばぼうろの作り方を2年生に教える場面を交えながら，グループの友だちと一緒にそばぼうろ作りを楽しんだ（写真1）。そして2年生も作り方の説明を目を輝かせて聞き，自分たちの手で栽培し，収穫したそば粉でそばぼうろを作る活動を存分に楽しむことができた（写真2）。

写真1　作り方を教えるT男さん　　写真2　笑顔いっぱいの試食

特別支援学級の子どもの感想文

> きょうは2年生とそばぼうろを作りました。ゆうかりがそばぼうろ作りの先生です。2年生がいっしょうけんめいせつめいをきいていました。わたしは，2年生にこなふるいのし方をおしえてあげました。
> 「○○ちゃんすごい。」とみんながいいました。岡せんせいが「○○ちゃんおしえ方うまいね。」と言いました。わたしが「えへへ。」と笑いました。
> 2年生といっしょに作ったそばぼうろはとってもおいしかったです。
> （6年　女子）

> 2年3組さんとそばぼうろを作りました。僕はまぜ方のワンポイントを言いました。
> グループでそばぼうろ作りをする時，僕ははりきって，力強くまぜました。「すごい力！」とみんなびっくりしていました。2年生もとっても上手にまぜました。僕は「上手，上手‼」とほめました。みんなにこにこ笑っていました。僕はうれしくなりました。
> そばぼうろがやけるまで，みんなで楽しく遊びました。2年生がそばクイズの問題を出しました。みんなで考えて答えを言いました。楽しかったです。
> （6年　男子）

3．終わりに

　障害のある子どもとない子どもが，「お世話する・される」の関係ではなく，対等で平等な人間関係を育みながら，ともに学び合い育ち合う交流及び共同学習の実現のためには，直接触れ合う体験の中で人間的共感を育てていくことが重要である。

　特別支援学級の活動を基にして通常の学級との交流及び共同学習を行うことで，特別支援学級の児童が伸び伸びと自信を持って活動することができ，双方の児童が学び合い育ち合うことのできる交流及び共同学習の実現に迫っていくことができる。そして，特別支援学級が学校や地域に根ざし，誰もが注目して

1．特別支援学級の特色ある実践

くれる存在となることで，実りある交流及び共同学習の実現が図られると考える。そのためには，特別支援学級の児童がいきいきと輝くよう日々の授業実践を大切にしていくことが何より重要である。

単元構成

特別支援学級→生活単元学習

（1学期）　　　　　（2学期）　　　　　（3学期）

| ゆうかり喫茶店を開店しよう | 和風ゆうかり喫茶店を開店しよう | バザーでゆうかり喫茶店を開店しよう |

交流及び共同学習

ありがとう！そばぼうろプレゼント

そばぼうろを作ろう！

ようこそ！おもちゃフェスティバル

第2学年→生活科

| ぼうけん・はっけん町たんけん | みんなでつくろうフェスティバル | そばはかせになろう |

お互いの教育課程を活かした交流及び共同学習

いっしょに楽しく活動

2年生　生活科　　　　特別支援学級　生活単元学習

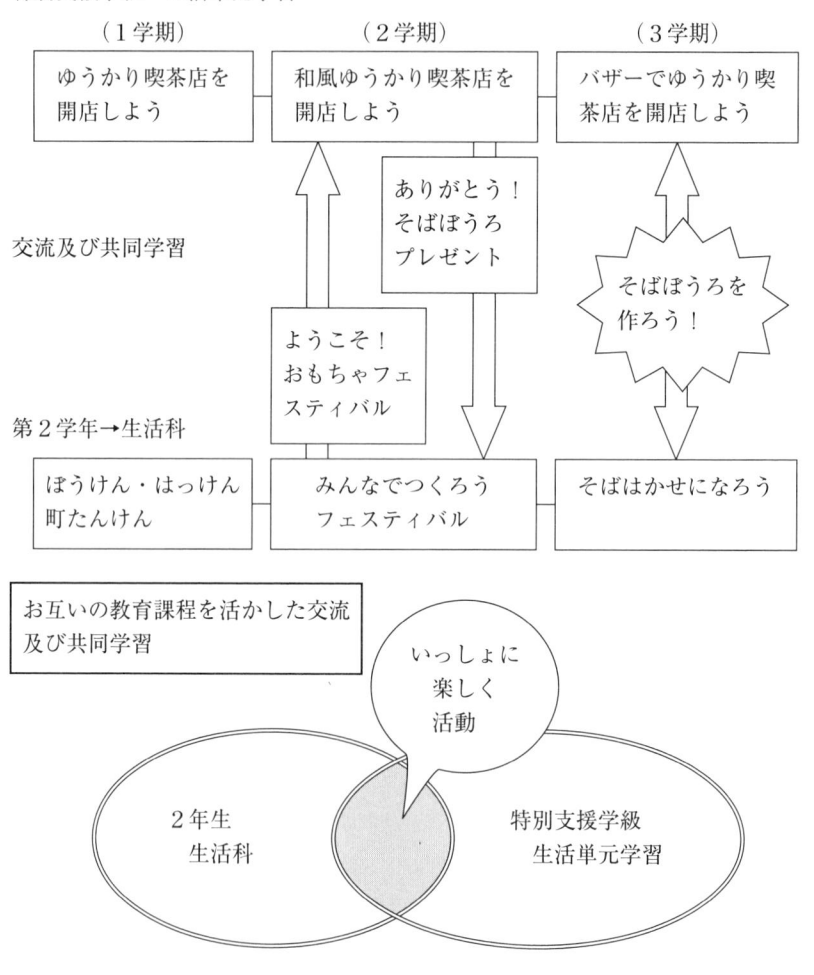

（岡　浩子）

事例 1-12	交流及び共同学習 ——給食——
	東京都杉並区立高井戸第二小学校

1．交流学習の実際

　本校は通常の学級18学級（3学級×6学年），特別支援学級3学級（在籍18名），全校生徒580名規模の区立小学校である。特別支援学級（久我山学級と呼ぶ）と通常の学級とが交流している内容は次の表の通りである。

<現在実施している交流の内容>

	学年行事	個別に実施	年間を通して
低学年	○入学式・入学に関する単元 ○同学年の通常の学級に自己紹介をする。 ○久我山低学年との「1年生と遊ぼう」 　休み時間の交流 ○遠足・生活科見学 ○運動会 ○校内鑑賞教室（演劇・音楽）	・朝会 ・集会 ・交流給食	・なかよし班活動 （全校縦割り） 　顔合わせ 　名札作り 　班遊び 　落ち葉拾い 　たかにまつり 　　　　　集会 　なかよし班清掃 ・交流給食 ＊なかよし班活動 のペアは5年生 と組む。
中学年	○同学年の通常の学級に自己紹介をする。 ○遠足・社会科見学 ○クラブ活動 ○4年生が久我山学級に来る交流給食 ○校内鑑賞教室（演劇・音楽）	・朝会 ・集会 ・交流給食	
高学年	○同学年の通常の学級に自己紹介をする。 ○遠足・社会科見学 ○演劇・音楽鑑賞教室 ○校内鑑賞教室（演劇・音楽） ○委員会・クラブ活動 ○卒業に関する単元・卒業式	・朝会 ・集会 ・交流給食 ・教科交流 　（音楽等） ・移動教室	

　具体的には，上記のような交流を実施しているが，通常の学級の児童の発達を考慮しながら「障害の理解」や「集団生活で苦手なこと」「できること」を

久我山学級の児童と担任が一緒に行動して示し，理解を促すようにしている。通常の学級の児童には次のことを願いながら対応している。

> 低学年……・久我山学級の教室見学，名前をお互いに知って，声をかけよう。久我山学級で遊ぼう。
> 中学年……・久我山学級の子の苦手なことを理解してね。
> ・理由があるので無理をいわないで。
> ・いろいろなスピードの子がいます。
> ・まちがったことをしたら，ゆっくり声をかけてね。
> 高学年……・久我山学級の子とさりげないやさしさで付き合ってほしい。
> ・できないときもすぐ手助けせず，見守ってください。

2．交流給食のねらい
○日常的な交流を通して，久我山学級の児童と親しくなる。
○久我山学級の教室に来ることで交流（合同学習）の意識を高める。

3．児童と同学年のクラスに行く交流給食

　久我山学級には，1年生から学級に在籍している児童，他校から移ってきた児童，通常の学級から移ってきた児童がいる。身の回りのことが自分でできるようになり，一人で給食が食べられたり，片付けができるようになると，児童と同じ学年のクラスに行って給食を一緒に食べる活動が始まる。交流給食に行くクラスは，クラス事情を考慮して，久我山学級と通常の学級の担任が決める。交流のクラスと曜日が決まると，通常のクラスから2～3人の迎えが来て，給食を久我山学級から運ぶ児童をサポートしてくれる。給食を一緒に食べることで，所属意識を高め，行事での参加等をスムーズに行えるようになっている。授業での交流は，まだできなくても，「食事」という共通の楽しみを一緒に行うことで，仲間意識を少しずつ育てるようにしている。給食が終わるとまた久我山学級の教室まで送ってもらう。久我山学級の児童は所属のクラスに行って給食を食べることをとても楽しみにしている。ときには，担任も一緒に行って，クラスの様子，参加態度を見て日常生活指導の参考にしている。担任が所属ク

ラスの児童と仲よくなることも交流の大切な要因となる。

4．久我山学級での交流給食

　新しい学年が落ち着いてくる6月頃から，4年生が順番に久我山学級へ来る交流給食が始まる。4年生は，4～5人ずつのグループ（久我山学級高学年の教室，低学年の教室に分かれて入る）で久我山学級に給食を持ってくる。高学年の教室では，次のように交流給食が進行する。

① 　4年生は久我山学級に来たら，掲示してある画用紙に自分の名前を書いて給食が始まるまで待つ。久我山学級の配膳が終わって机が準備されたら，給食を持って机に着く。机はみんなの真ん中でよく顔が見えるところに位置する。

② 　給食のあいさつは，久我山学級の係の児童が行う。

③ 　4年生は，自分の名前や得意なことなど自己紹介をする。みんなに名前を知らせる。

④ 　一緒の給食が始まる。たまたま，久我山学級が調理学習の日に当たると，スープやホットケーキを一緒に食べる。初めは4年生も緊張気味なことが多い。

⑤ 　久我山学級の先生が話をしたり，一緒に活動したことを思い出したりしながら話題提供をする。4年生から知っている久我山学級の児童の名前や知っている理由などを聞いて緊張がほぐれてくる。

⑥ 　給食が進んできてから，クイズコーナーが始まる。「この中で，6年生は2人いますが，どの子でしょうか」。初めは久我山学級の先生が問いかけ，何回か繰り返してくると，久我山学級の児童から質問が出るようになる。子ども同士で，質問や答えが出るようになるのが目標だ。4年生の中では，自信を持って答えてくれる児童もいる。「学童保育で一緒だったから知ってるよ」と経験から話が広がることもある。

⑦ 　4年生も給食のおかわりができる。食器の片付けについても役割分担に入ってもらい，同じ食器を重ねて係の児童が運ぶ。

⑧ 　ごちそうさまのあいさつは，久我山学級の児童が行う。片付けが終わると

今日の交流は終わる。今日のメンバーが次のグループの案内をして，受け継がれる。
⑨　４年生は，一年間を通して全員が交流給食で久我山学級の教室を訪れ，食事をともにすることになる。

５．交流給食を終えた４年生の感想

○ぼくは，低学年の方に行って，たくさんの人の名前を覚えることができました。うれしかったです。みんなと食べたからおいしかったです。
○給食の歌がとてもおもしろかったです。はじめは，きんちょうしたけど久我山学級の子がやさしかったので楽しかったです。
○わたしがうれしかったことは，○○君が帰る時にタッチをしてくれたことと，わたしの名前を覚えてくれたことと，「魚すき？」と聞いてくれたことがうれしかったです。これからは，久我山学級の人に声をかけます。
○お昼の放送がなると元気に歌っている子がいて，みんな元気だと思いました。高学年のクラスに行ったのでクラスがおもしろかったです。
○たくさんの友だちと話せたのがよかったです。初めて久我山学級に行ったけど，こんなににぎやかで楽しく食べているんだなと思いながら食べていました。

６．交流給食の成果

　高二小の児童は，久我山学級と１年生の「１年生と遊ぼう」の授業を通して交流の一歩を踏み出している。生活科の時間に１クラスずつ歌，リトミック，ゲームによる交流授業を経験する。マイクで歌ったり，手をつないだり，ゲームの中でメンバーが混じって必要人数のグループをつくる。１年生の感想では，優しい視点の思いが書かれていることが多い。
○きょうは，たのしかったよ。
○リトミックがたのしかったです。
○こうていでもまた，あそぼうね。
○やすみじかんもあそぼうね。
○くがやまさんのきょうしつにあそびにいくね。

○また，あそぼうね。たのしみにしてるよ。

　1年生と久我山学級低学年の交流が終わると，雨の日には1年生の児童がたくさん久我山学級の教室を訪れる。また，各学年毎の行事に参加していく過程で，久我山学級の児童との交流学習で活動することが増えてくる。4年生からのクラブ活動，5年生からの委員会活動でも共同学習の可能性を見つけていきたい。4年生までの交流が下地となり，高学年の交流・共同学習へ進んでいくことになる。高二小の「なかよし班活動」の特徴として，5年生になると久我山学級の児童とペアを組んでなかよし班に入る。久我山学級の児童とペアを組みたい5年生を募ると何人かの児童が希望してくる。ペアを希望してきた児童と久我山学級の児童の様子を見て，年間通してのペアを決める。ペアになった5年生は，なかよし班活動のとき，久我山学級の教室にメンバーを迎えに来てくれる。活動するときは，なかよし班の班長が久我山学級のメンバーに配慮した言葉かけをしてくれる。活動が終わったら，5年生のペアの児童が，久我山学級の教室まで送ってくれる。ペアの児童のサポートで名札を作り上げることができた。ペアになった5年生は，久我山学級の児童に声をかけてくれたり，さりげなく手をつないで誘導してくれる。4年生の交流給食で，通常の学級の児童が全員久我山学級の教室を訪れ，一緒に給食を食べるという日常的で楽しみな経験を共有することは，5年生のなかよし班ペア活動，6年生の卒業への活動に，「交流・共同学習」という意味を持って進めることができる。

7．まとめ

　「交流及び共同学習」には，学習内容に共通項が必要である。「給食」という，ほとんどの児童が楽しみな活動では，日常的な交流の場としてリラックスした形で交流ができる。通常の学級の児童からは，行事や児童朝会と比べて「給食のときは，元気なんだね」という感想を聞く。久我山学級に対しての関心がうかがえる。また，通常の学級の先生と仲よくしておくことも必須である。通常の学級とのさりげなく確実な付き合いができるかどうか，先生の力が発揮されるところである。

　　　　　　　　　　　　　　　　　　　　　　　　　（野村　須美子）

1. 特別支援学級の特色ある実践

事例 2−1	個別の指導計画を重視した学級経営
	長野県松本市立松島中学校

1．学級の概要

中学校の自閉症・情緒障害特別支援学級である。学級の在籍人数は5名。

　　3年生：1名（ダイスケ：小3～中1・不登校，AS）
　　2年生：3名（ミズキ：自閉症）（ユキオ：ADHD）（サキ：不安障害）
　　1年生：1名（アキ：PDD）　　　　　（※生徒名はいずれも仮名）

学校規模は，通常の学級が各学年3クラスと特別支援学級2クラス（知的障害1，自閉症・情緒障害1）である。

教科の学習は，特別支援学級担任とのTTを取り入れた教科担任制で，国語・数学・社会・理科・英語は，知的障害学級との同一時間割で3コースに分けている。音楽・道徳・総合（一部）・特別活動は原学級にも参加している。

自立活動は，学級の全員が参加するSSTを行う授業と，個別に設定した時間に各自の障害に基づく困難の改善に関する内容を扱う2系列である。

総合的な学習の時間は，原学級の授業に参加する他に，学校農場作業の時間を入れている。知的障害特別支援学級の作業学習の時間のうち2時間を2学級合同授業とし，農場の管理，野菜の栽培，収穫物の販売，収穫祭の企画・実施，収益を使った校外宿泊学習を行っている。

特別支援学級独自の行事としては，学校農場開き，夏休み農場作業，校外宿泊学習などの総合的な学習と連動したものの他に，学区の小学校の特別支援学級との交流会，保護者対象の高校見学会などがある。

2．ミズキの「教育課題個人表(A)」「年間指導計画(C)」

個別の指導計画は「教育課題個人表(A)」（以下A表），「指導内容の選択・組織(B)」（以下B表），「年間指導計画(C)」（以下C表）の作成を考える。次に，2年生ミズキさんのA表，C表を示す。C表には，他の4名の生徒のA表からも必要な内容が盛り込まれて計画されている。

5章 特別支援学級・通級指導教室の特色ある実践

「教育課題個人表(A)」

2年○組 ミズキ 担任○○○○

生育歴・諸検査・連携の記録など

生育歴：
- 小学校1年　自閉症の診断
- 小学校6年　両親，担任，コーディネーターが懇談　中学校の特別支援学級の入級に理解を得る。算数は別課題。体育，学級活動で球技などをする時は，ルールが理解できないので見学・応援する。

家庭環境：
- 祖母，父　母　弟（自閉症：特別支援学校小学部）

諸検査：
- WISC-Ⅲ　VIQ***PIQ***FIQ‥
- 教研式知能検査 SS‥

医学的所見：
- 診断後，通院，定期的診察等なし。

日常生活の姿

- デジタル時計に一日の予定を自分でプログラムして，アラームで次の行動に移ることができるようになってきた。
- 1ページ1課題に編集し直した数学の教科書を使って，学習に集中できる時間が長くなった。
- 読書や自由ノートの漫画描きで休み時間を過ごしたり，気持ちを落ち着かせることができる。
- 自閉症・情緒障害学級や原学級の友だちを話題にして話すことが多い。
- 定期テストでタイムタイマーを使うようになってから，時間の切迫による焦りがなくなった。
- 紙に書き出して順番に並べて置くと，話したいことを，聞き手にわかりやすく伝えることができる。

> 自立活動の6つの内容の区分，26の項目を視点に実態把握して記入

可能性の芽

- デジタル時計やタイムタイマーを使って，学習や生活に見通しを持つことができる。
- 話す順番に内容をまとめたメモがあると，あきらめずに相手に伝えようとする。
- 絵や図で具体的な状況を示すと，基本的な文字の式や時間の計算ができる。

> よいところ
> できるための状況と，支援の情報

願い

○本人の願い
- 落ち着いて勉強できるようになりたい。
- 勉強したことが，テストでも答えられるようになりたい。

○保護者の願い
- 本人の「落ち着ける場所」を，特別支援学級に確保したい。

○教師の願い
- 見通しを持ち，自分から判断して行動できるようになってほしい。

○卒業後の姿
- 自分のペースで学習できる進学先を選んで自信をつけてほしい。

> 卒業後の姿は，教師や保護者の願いを踏まえて，どのような社会的自立の姿を目指しているか記入

教育課題

- 自分なりに工夫できる方法を使うことや，周囲に促されることで，次の行動に移ることができるようになる。
- 聞き手を意識して，わかりやすく内容を整理して話せるようになる。
- 人の会話を落ち着いて聞き，順番を待って相手に話しかけられるようになる。
- 自分の苦手なことを，上手に教えてもらえるようになる。
（自立活動：6　コミュニケーション(4)(5)）

> 将来の自立に向けて，本質的な観点に立ち，今伸ばしていきたい面を，可能性の目を踏まえながら，1年後くらいを展望して記入する。

指導の方向

- 直接的な禁止や制止でなく，より望ましい行動を具体的な言い方で促すようにする。
- 朝の活動で，一日の予定をデジタル時計にプログラムをさせて，次の行動への気づき・動機づけを行う。
- 学習では，1ページ1課題のプリントを使って，集中力を高めるとともに，スモールステップで理解を進め自尊感情を高めていく。
- 決められた内容を，一定の手順で話すことで成功するゲームを行う。

> 教育課題を踏まえて，指導・支援の方向性を具体的に。可能性の芽にある，できるための条件を生かしながら。

109

1．特別支援学級の特色ある実践

○○中学校　自閉症・情緒障害特別支援学級　年間指導計画（C）

	4月	5月	6月	7月	8月	9月	10月	11月	12月	1月	2月	3月
行事	入学式 1学期始業式 学級開きの会 家庭訪問 修学旅行	交通安全教室 避難訓練 学校農場見学 中間テスト	特別支援学校 体験入学 体力測定 2学年キャンプ	高校体験学習（3年生） 1年生登山 期末テスト 1学期終業式	夏休み 学校農場制作日 職場体験学習 2学期始業式 3年合同テスト	写生会 3年合同テスト 文化祭	中間テスト バレーボールCM 3年合同テスト	高校見学 (2年生進路者) 農場体験学習 来入生見学会 期末テスト 3年合同テスト	校外宿泊学習 懇談会 来入体験入学 2学期終業式	冬休み 3学期始業式 校外学習報告会 3年合同テスト	小学校特別支援学級との交流会 期末テスト	学級3年生を送る会 3学期終業式 学級納めの会 卒業式
総合的な学習の時間	○ユキキ、ミヱキ：原学級での学習プログラムにも参加 ○アキ：ユキキ、ミヱキ：〈学校農場〉等来客用で販売しよう！（年間通して） ミヱキ、ユキキ：堆肥施肥・播種・苗おこし・定植・棚卸・ ダイスケ：袋詰め・出荷・納品 ダイスケ：売上指導								「校内宿泊学習を成功させよう」 ・目的地の検討・行細案作り ・会計報告 ・お土産用画 ・収穫祭の準備と販売	「交流会に向けて」 ・内容の検討・分担 ・おみやげ作り	・発表練習	
教科指導	国語	・ユキキ、ダイスケ、ミヱキ：〈Cコース〉学年の指導計画と同内容の学習							（アキ：支障が多い教科は、学習範囲に合わせて差し替え問題を用意）			
	社会	・ユキキ、アキ、ダイスケ：〈Cコース〉学年の指導計画と同内容の学習						・ミヱキ：〈Bコース〉基本事項を中心に学習、定期テストは別に作成した問題を使用				
	数学	・ユキキ、アキ、ダイスケ：〈Cコース〉学年の指導計画と同内容の学習 ミヱキ：〈Bコース〉文字を含んだ基本計算までの学習						・ユキキ：1課題1ページに編集し直した教科書を使用				
	理科	・ユキキ、アキ、ダイスケ：〈Cコース〉学年の指導計画と同内容の学習 ミヱキ：特別支援学級用スライド内での学習						ミヱキ：〈Bコース〉小学校5～6年の学習内容に中1の基本事項を加えた内容で学習				
	音楽	・ユキキ、アキ、ダイスケ：学級用のスライドで学習				空想の世界を描こう	校舎のスケッチ					
	美術	・全員特別支援学級のスライドで学習			ダイスケ：ステンドグラス作り							
	保健体育	・全員特別支援学級のスライドで学習 バレーボールCM			先生の出す合図に反応するゲーム・クラスの体育に参加する。		スポーツテスト クラスのチームで一緒に練習	陸上競技	ソフトボール	大縄跳び	クラスマッチの種目	
	技術家庭	・全員原学級のスライドで学習	バスケットボールCMの2週間前から、原学級の体育に参加できるようにする。		〈家庭〉校外学習用物の買い入れ作り、マイエプロンの製作			手芸をおる作り	〈技術〉学年の指導計画の中から、Cコース〉基本文型の単語を中心に会話練習をして製作			
	英語	・アキ、ミヱキ、サキ：学級での学習							ミヱキ：〈Cコース〉基本文型の単語を中心にした学習			
道徳	・全員原学級で学習											
自立活動	・生徒会を上げるための原学級で、委員会に参加する。・胸時計のアラーム・プログラムを使って、自分でできる行動を見つけ、自分でできる行動が楽しめるようにする。全員 ・ユキキ、サキ：筆記の苦手なことを、上手に教えてもらえるように、相手の子ども様子を調整していく時間を調整できるようにする。 ・ミヱキ：自分の気持ちを言葉にく伝える。疲れたときは、無理をせずに「休ませてください」と言い出して休息できるようにする。 ・自分の苦手なことを上手に教えてもらえるように、相手の様子を調整できるようにする。 ・相手の席に向けて上手に話しかけられるようにする。 ・ダイスケ：自分の意志を言葉で表現し始められるようにする。 ・全員集会で、後ろの方の様子を見ることができる。							〈小集団のSST〉（準備・行動に見通しを持てるように、個別の支援を付加） ①言語によるコミュニケーション：①テーマに沿って話す ②分かりやすく話す ③質問／回答する ②自己と他者の認知：①セルフポスター（作り ②いいところ探しメッセージ ③集団への参加				
特別活動	生徒会はそれぞれの原学級で置かれるように委員会に参加			学級行事、学級農場見学、高校見学会、夏休み原学級、学級送る会、学級納めの会 小学校特別支援学級との交流会				校外宿泊学習、農場収穫祭、来入生見学会	保護者高校見学			

3．教室の環境調整

　生徒たちのホームである「教室」が，安心できる場所であるように環境調整することが学級経営の第一歩である。ミズキさんは，視覚刺激（明るいこと）に過敏であり，窓側の席から教室内に視線が向くようにした。基数性の概念に問題があり，時計の読み取りが苦手であったので大きなデジタル時計を2カ所に置き，アラームを入れ，必要なときに必要な時刻が意識できるようにした。また，SSTの般化のために，SSTで使用した掲示物を選択して掲示し，「この手順で先生に質問してみよう」といった使い方を工夫した。

4．自立活動

　自立活動は，先に述べたように2系列に整理していった。その中で，学級として取り組むSSTの時間は，①少人数であることを活かせる内容・方法，②共通する生活上獲得すべきスキルを考えた。生徒一人一人のA表から，獲得すべき目標スキルをC表に書き出していくと，年間の配列や内容の選択が出来上がってくる。ミズホさんは，やり方が分からなくて困ることが続くと，教室から飛び出してしまうことがあった。そこで，C表に示すように，小集団のSSTは最初に「言語によるコミュニケーション…①テーマに沿って話す，②分かりやすく話す，③質問する／回答する」の中の③から始めることにした。

5．総合的な学習の時間

　特別支援学級独自の内容（農場作業関連）が学級の中心的な活動でもある。知的障害学級との合同の時間は，それぞれの学級における各自の達成目標が設定される。作業の企画の能力は高いが，不安でなかなか行動できないサキさんには，教師の助言を得ながら，作業の指示説明と遂行の確認，内容・手順の変更の判断をさせている。ミズキさんには，慣れていて手順に変更のない作業に取り組ませ，集中してできるように支援している。そして，販売を念頭に，買ってくれる相手を意識した活動を生み出した。大きな目標であった，2クラス合同で県外のテーマパークに1泊で出かけることができ，大きな自信となった。

　このように，一人一人の課題の明確化と見直しで，学級の活動の中での各自の位置づけが個別の指導計画の中から見えてくるのである。　　　（倉澤　美晴）

事例 2-2 学習環境を重視した学級経営

宮城県仙台市立高森中学校

1. 学習環境とは

校内で整えたい学習環境については，二側面から考えられる。一つは，校内における特別支援学級（以下，特学と略す）の位置づけや人的資源，校内交流，時間割等，教育課程に関わるものである。これについては，生徒たちの実態に応じて，担任が学校事情の中で可能な限りの提案をし，相談の上設定する。もう一つは教室内外の物質的な環境である。前者は多くの内容を含むため，ここでは簡単に触れるにとどめ，後者を中心に述べることとする。これまで，中学校4校の特学計16年の担任経験を通して考えていることについて述べる。

2. 校内における位置づけ

特学の生徒たちが居心地のよい学校生活を送り，かつしっかりと学習して将来生きていくための力をつけることをねらって，学習環境を整える。そのためには，特学が校内で孤立することのないような配慮が必要である。これには，「生徒がそれぞれの学年の一員であることを前提とし，学校・学年行事に実態に応じた形で参加していくことの周知徹底」「特別支援学級担任（以下，特担と略す）の校内や生徒の所属学年における位置づけ」「特学の授業を特担以外の先生が専門性を生かして受け持つことの設定」「交流学級における活動や参加授業の設定」「通常の学級の生徒に対する理解授業・講話，教職員への理解啓発活動」などが含まれる。特担は，校内運営において，様々な角度から提案し，作戦を練り，工夫する。このノウハウを語るには，枚挙にいとまがない。

3. 特別支援学級教室の位置

校舎内の特学教室の場所の選定にも，いろいろな条件が関わってくる。既設の場合，水道等の設備工事がされているために，教室の場所は固定される場合が少なくない。そういった制約がない場合は，次のような条件を考慮して，教室をどこにするか相談する。「生徒の所属学年や交流学級の教室の近く」「職員

室から近い」「校内に複数の特学がある場合，教室を隣り合わせる」「教室内に水道設備がない場合，手洗い場やトイレが近くにある」などである。

　しかし，特学の生徒は，複数学年にまたがって在籍することが多い。また交流学級と同じ階の教室数も限られている。さらに，在籍する生徒の実態によっては，通常の学級の教室とは離れた静かな場所がよいという場合や，身体的状況への配慮として1階の教室がよいという場合もある。教室の場所の選択に当たっては，生徒の実態から，配慮事項，教育課程上望ましいことなどを考慮し，学校事情と照らし合わせて相談し，可能な中で最もよい位置を選択する。

4．教室の設備・備品

　生徒の実態や学校事情に応じて，次のようなものを準備したい。

水道設備 湯沸かし器	作業学習，美術等の学習の片付け。手洗いの指導。調理。清掃。洗濯指導のための，洗濯機や排水設備。生徒によっては，洗髪指導を行うこともある。調理用とその他を分けるため，流しが二つに分かれているとよい。
ガス台・IH	簡単な調理。理科実験。キャンドル作りなどの作業学習。お湯を沸かしてお客様を接待するなど。
室内カーテン	更衣用には，男女別の仕切りがあるとよい。刺激を減らして集中したり，気持ちを落ちつけるためのスペースとしても使える。
インターホン	生徒の実態によっては，担任は教室を離れられない。緊急連絡用としてもあるとよい。
冷暖房器具	体温調節の困難な生徒がいる場合にはクーラーがあることが望ましいが，難しければ扇風機だけでも用意する。
ロッカー （生徒用）	更衣用に，扉のついたもので，生徒一人ずつに専用のものを用意する。脱いだ制服をハンガーに掛けるなどする。学習用具を入れておくためのロッカーも個別に用意し，整理するなど管理させる。
ロッカー・ 整理棚 （教材用）	担任が使用し，生徒が勝手に取り出してはならないものについては，「先生のロッカー」「生徒×」など，分かりやすい印をつけて，生徒にルールを伝える。その他，作業学習，数学の教具など，種類別に分けて整理しておき，生徒が必要に応じて取り出し，使用後に片付けやすいようにする。
プリント棚	生徒別，教科・学習内容別などに分けて整理する。
衝立	集中しやすくするために，刺激を減らすことをねらい，仕切りを利用したコーナーをつくる。休み時間に一人で過ごす空間があるとよい自閉症の生徒専用のコーナーをつくることもある。
※上記のほか，作業台（大きな机），本棚，パソコン，パソコン台，キーボード，電動糸のこぎり，ミシン，機織り機，テレビ，ビデオカメラ，デジタルカメラ，知能検査器具などを，生徒の実態，教室内の設置場所，予算，学校備品を特別支援学級の生徒が都合のよい時間に使用できるかなどの条件について考慮し，そろえる。	

5．生徒が安心して自主的に活動できることをねらった教室内の環境整備

　自閉症児への指導法として有効な TEACCH プログラムによる「構造化」が，生徒たちの不安を取り除き，見通しを持って学習に臨める手段として，学校現場でも取り入れられつつある。「構造化」は，自閉症ではない生徒にとっても，非常に有効な支援ツールであると考える。

　構造化の考えに学びつつ，生徒一人一人が安心して学習活動にスムーズに取り組めることや，意図的に提示する視覚情報を毎日目にすることで，自分のものとしていくことをねらった教室環境の実際について述べる。生徒が安心して自主的に行動できるようになるためには，いくつかのパターンを覚えることが有効であると考える。そのパターンに変更があっても対応できるためには，「時間」と「空間」，「手順」がポイントである。それらを目で見て分かるものとし，「どこを見れば，自分が今，何をするとよいかが分かる」という指標をつかませることが大切である。

(1) 時の流れを学校生活の中で意識できるようにする

① 1年間の流れの掲示（写真1）

　学校の1年間は，4月から3月までである。その中で夏休みなどがいつ頃あるかを見て分かるようにする。おおよその季節についても表示する。各月の予定も明記する。月を示すカードは，上からはがして予定欄の右端に貼りつけることにより，現在が，1年のうちのどの位置にあるかを意識させる。

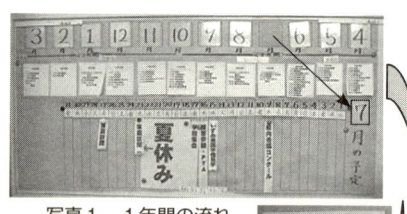

写真1　1年間の流れを分かりやすく掲示する

月が変わるときには，予定カードを生徒に貼らせる。機会を見ては，表全体を意識させることにより，自分の予定についての見通しを持たせ，時の流れについての感覚を養う。生徒によっては，「おととい」「きのう」「きょう」「あした」「あさって」のカードを毎日貼り替えて，日常生活の指導の時間や宿題を利用して確認するなど，意味がつかめるようにする。

② 「今日の予定」の掲示（写真2）

　これは，いろいろな形でどの学校でもやっていることと思う。1週間分の予定を知らせておき，その予定表を見ながら，生徒に授業のマグネットカードを貼らせる。授業変更がある場合は，朝の会で変更点を話しながら，担任がカードを貼り替える。「この予定表を拠り所とすれば，自分の予定が分かる」という生徒の信頼感を得ることが大切である。

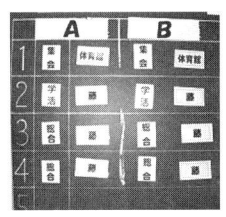

写真2　生徒別の「今日の予定」

③　授業時間を意識できるようにする（写真3）

　チャイムが鳴らない学校では，時計を見て授業開始・終了時刻を意識しなければならない。休み時間ごとに時計の針を合わせることを，それが学習課題として適している生徒の係活動とする。生徒によっては，時計の文字盤が描かれた絵で針を合わせたカードを用意する。時間表の数字で分かる生徒には，すぐに見えるところに表を掲示する。時刻は分かっても，時の流れの量としての時間を捉えることが難しい生徒は多い。そういう生徒のために，時間の量が目で見て分かるタイムタイマー（写真4）を用意し，授業開始時に50分に合わせ，「あとどのくらいで授業が終わるか」が，目で見て分かるようにしておく。このタイマーは，作業の継続時間など，様々な場面で活用できる。

写真3　授業開始・終了時刻を表示する

(2)　自主的に活動できるようにする（空間，手順の提示）

①　登校時，下校時など

写真4　タイムタイマー

　朝登校したら，カバンから学習用具を出して机の中に入れ，連絡帳や宿題を指定されている個別のケースに入れる。カバンをロッカーに片付ける。黒板や献立表を見て，日誌に今日の予定や給食の献立を書き込む。「植物に水をやる」など，朝の活動として自分のすべき係活動を行う。これらの一連の活動について覚えて動けるようになるまでは，流れを書いたものを掲示しておいたり，個別のめくりカードを利用させたりする。もの

を入れる場所を用意し，活動に必要なものの場所を固定しておく。

朝の会も同様で，流れの掲示，あるいは生徒の実態に応じて，司会の手順をひらがなで書いためくりカードを用意したりする。下校時も同様に，毎日の流れに沿って自分で判断して活動するのに必要な，手順を踏むための指標となるサポートグッズ（掲示・カードなど）を準備し，所定の位置に掲示したり，掛けたり置いたりしておく。生徒は「ここを見れば自分が何をすればよいかが分かる」ということをつかむと，自主的な動きができる。

② 学習活動

絵の具セット，習字道具，裁縫道具，体育着などは自分のロッカーに置き，必要に応じて取り出せるようにする。机の脇に，小学校でやるように「のり，はさみ，ホチキス」などの文房具を入れた袋をぶら下げておく。生徒が共有で使用するものについては，引き出しのある整理棚やロッカーなどを利用し，何がどこにあるか分かるようにラベルを貼っておく。学習内容に応じて，生徒が自分で必要物品を取り出して準備できるようにする。朝自習や宿題で使うプリントなど，氏名ラベルを貼ってある専用の引き出しに入れておくと，生徒が自分の課題に合ったものを，必要に応じて取り出せる。

③ 教室内の配置

在籍している生徒の実態に応じて，いくつかのコーナーを設ける。複数教室を利用できる場合は，通常の机上の学習を行う基本となる教室と，更衣や作業学習などを行う教室に分けたりする。限られたスペースの中で，可能な範囲でコーナーごとに活動を変え，コーナーに意味を持たせるようにする。

考えられるのは，次のようなコーナーである。

通常の学習スペース	自分の机で学習する。
個別学習スペース	衝立で仕切るなどして，一人で落ち着いて学習できるようにする。
グループワークスペース	大きな机を置き，共同で行う作業学習，話し合い活動，トランプなどのレクリエーションはここで行う。
休憩コーナー（全員用）	床にシートを敷き，座卓やソファを置く。周囲に本棚，トランプ，オセロ，パズルなどの遊ぶもの，キーボードなどを置き，休み時間に自由に過ごせるようにする。休憩時間終了を知らせるタイマーも見える所で回しておく。

休憩コーナー （特定生徒用）	必要な生徒には，その生徒専用の仕切られたコーナーをつくり，本人の好きなものを準備して置いておく。他の生徒に話をし，必要な生徒のみが使用できるスペースとする。
更衣コーナー	カーテンで仕切ることができるようにする。必要に応じて，ここで一人になって，気持ちを静めることができるように，机と椅子，対象生徒の安心グッズを置いたりする。
洗濯コーナー	週末に自分の体育着や給食の白衣などを洗って干していかせる。衣類が汚れたときも同様である。量が少ないときには，洗面器を使って手洗いさせる。

　以上のように考えてくると，生徒の実態を調査し，学習目標を設定した上で，教室の場所を決定し，必要物品を考え，学校事情の中で可能な範囲で学習環境を整える。その際，大切なことは，生徒が自主的に動けるように，基本的な活動の場やものの置き場を固定すること，それぞれのコーナーに意味を持たせること，生徒の実態に応じて，「見て分かる」指標となるもの（掲示物・ラベル・カードなど）を用意すること，などであると考える。環境を整えることで，生徒が安心して過ごすことができ，自主的に見通しを持って行動できるようになることが大切であると考える。

（斎藤　道美）

事 例 2-3	個別の指導計画に基づいた国語の指導
	埼玉県さいたま市立原山中学校

1.はじめに

　知的障害特別支援学級における国語の指導においては,以下の4点を踏まえて実施することが大切である。

①子どもの障害等の状態に応じ,ニーズに即して行うようにする。

②子どもの言語発達の状態等をはじめ,年齢段階,生活経験,さらに興味や関心などを踏まえて行うようにする。

③生活に即して,実際的で具体的に,また自然で必要性のある,日常的な対応を通して行うようにする。

④領域・教科を合わせた指導,またその時期の学校生活と関連した内容での教科別指導など,国語教育は学校生活の全般を通して総合化して行うようにする。(引用:文部科学省『国語　教科書解説』)

　中学校では,国語や数学などの学習は教科別の指導において課題別の少人数グループによって指導を行うことが多い。しかし,国語指導の観点である「聞く・話す」「読む」「書く」の内容は,「国語」の授業に限らず,学校生活全般で,個のニーズに応じ,意図的に指導することができる。ここでは,文章を「書く」ことの苦手な生徒への取組を提案する。

2.生徒の実態

- 生徒A。中2。男子。
- 平仮名,片仮名,小2程度の漢字の読み書きができる。
- 経験したことを1～2文で書くことができる。
- 簡単な文章をスムーズに読むことができ,登場人物などが分かる。
- 日常生活の中で,見通しが持てる場面では,話の内容を大体聞き取り,行動できる。
- 会話や応答は,一語文でのやりとりが多い。

3．個別の指導計画（生徒A：国語）

	学習課題・目標	指導の場	指導内容・方法	評価
1学期	小3の漢字が読める。	日生・生単	掲示物や資料を読む。	
		国語	漢字練習をする。	
	報告などのときていねいな話し方ができる。	日生・生単 作業学習	「掃除が終わりました」などの完了の報告を身に付ける。	
		国語	「ていねいな話し方」について学習する。	
	経験した出来事について，教員と話し合いながら順序よく話したり書いたりできる。	日生	帰りの会で「今日の出来事」を発表する。毎日の日記を書く習慣を身に付ける。	
		生単	各行事の感想や反省を話す。	
		国語	体育祭や遠足などの作文を書く。暑中見舞いなどで近況を書いて知らせる。	
	日程表や説明文を読んで，手順通りに行動することができる。	日生・作業学習	作業や給食当番の手順表を読んで行動する。	
		生単	校外学習の日程表を読んで行動する。	
		国語	簡単な工作の説明書を読んで手順通りに作る。	
2学期	小3の漢字が半分程度書ける。	日生・生単	日記などで漢字を使う。	
		国語	漢字練習をする。	
	授業場面でていねいな話し方ができる。	日生・生単 作業学習	教員からの質問に対してていねいな話し方で応える。	
		国語	「電話のかけ方」について学習する。	
	経験した出来事について，3～4文程度順序よく書き綴ることができる。	日生	毎日の日記には，学校の出来事について3～4文程度書く。	
		生単	各行事の感想や反省を話す。	
		国語	宿泊学習で経験したことを順序よく書く。	
	説明文を読んで，内容についていくつか話すことができる。	国語	簡単な説明文を読み，内容に関する質問に答える。	
		生単	観光ガイドブックやパンフレットを読む。	
3学期	小3の漢字が大体書ける。	日生・生単	覚えた漢字を書く。	
		国語	漢字練習をする。	
	学校生活全般でていねいな話し方ができる。	日生・生単 作業学習	自然な生活の中でていねいな言葉や敬語を使い分ける。	
	経験した出来事について，順序よく書き綴り，感想を話したり書いたりできる。	日生	毎日の日記は学校の出来事について感想を書く。	
		生単元学習	お別れ会で先輩へ送る言葉を書く。	
		国語	壁新聞をつくる。	
	簡単な物語を読み，あらすじや登場人物の心情が分かる。	生単	学習発表会で行う劇の台本を覚え，心情を込めて演技をする。	
		国語	昔話を読み，あらすじや登場人物の心情を理解し，感想を話す。	

＊「日生」：日常生活の指導　「生単」：生活単元学習　「国語」：教科別の指導

4．指導の実際 ——目標：経験した出来事を順序よく書く——

　生徒Aは，作文を書くことに強い苦手意識を持っている。支援がないと「○○をやりました。」というように一文で終わってしまう。個別の指導計画では，大体の活動の流れを，独力で順序通りに書き綴れることを目標としている。

(1)　日常生活の指導の中で

①　朝の会

　　朝の会では一日の学習予定を話したり聞いたりする。その中で，授業や活動の順序について十分に理解させる。

②　帰りの会

　　毎日の帰りの会において全員が「今日の出来事」について発表する。印象に残った授業と活動内容についてその感想を話す。話す形式を図式化するなどの支援を行う。

③　日記

　　毎日の宿題として学校での出来事を書く。第一段階では，「1時間目の体育は…」とあらかじめ記入しておくなどの支援を行う。一日の活動について一人で書けるようになったら，「がんばったことは…」「つかれたことは…」などを抽出して書けるように支援を行う。

(2)　生活単元学習の中で

①　活動内容や日程の理解

　　学校行事や学級行事に取り組む中で，教材を工夫し，活動内容や日程を理解しやすいような授業づくりを行う。特に，「いつ」「どこで」「何をする」などについての問いかけに答えられるように指導を繰り返す。

②　主な活動に関する個人目標の明確化

　　それぞれの活動について自分が目標とする行動を具体的に表す。活動後は，事前に立てた目標に対応させて自己評価を行う。

(3)　教科別の指導「国語」の中で

　どこの学級でも多く取り入れている活動として，行事の事後指導に作文を書かせることが挙げられる。「経験した出来事を順序よく書く」という目的その

ものの学習課題であろう。指導は段階的に行う。

　第1段階は，「やったことを三つ書こう」など，文章の数や書く内容を限定して書かせる。その際，キーワードを板書したり，「作文メモ」などに書いたりして支援するとスムーズに取り組める。

　第2段階は，行事の事前学習で使用したしおりや日程表などの資料を使用して，活動を振り返させる。「最初は…」「次は…」など，活動の順序を意識させながら活動を思い起こさせ，文章を一つずつつくっていく。

　第3段階は，支援をしないで，どれくらい独力で書けるようになったか「挑戦」の機会をつくる。文章の数を記録するなど達成感が持てるようにする。

　行事ごとにきめ細かな作文指導を行うことが大切である。その中で，学級通信に掲載する，近況報告として手紙を書いて送る，文集を作る，壁新聞を作るなど，意欲を高め，書く喜びを味わうために，自らの経験や成長を他者と共有できるような場を用意することも大切である。

5．まとめとして

　国語の指導は，「国語」の授業の中だけでなく，学校生活全体の中で意識して取り組むことにより，生きた力となって身に付いていき，その機会はあらゆるところに存在する。個別の指導計画を作成し，それを基に指導を行うことの意味は，生徒一人一人の「指導の機会」を明らかにすることであり，「指導の成果」を目に見えるものにすることにある。また，今後は，自立活動の「コミュニケーション」「人間関係の形成」の観点との関連性も明記する必要がある。

　国語の指導内容は，「聞く・話す」「読む」「書く」とされているが，それぞれに題材を当てるのではなく，生徒の生活に結びつけた題材の中でそれらの指導内容を総合的に取り入れるようにするとよいとされる。しかし，生活の中での指導は，「聞く・話す」指導が中心になる傾向があり，「読む」「書く」指導については，生徒個々の発達段階に応じたきめ細かな指導を展開する機会が不足しがちになる。この問題を解決するには，国語的観点で全教育活動を見直す必要がある。

　　　　　　　　　　　　　　　　　　　　　　　　　　（石川　由美子）

事例 2-4　個別の指導計画に基づいた数学の指導

埼玉県上尾市立上尾中学校

1．はじめに

　本校は，知的障害特別支援学級（以下，知的学級という）2学級，自閉症・情緒障害特別支援学級（以下，情緒学級という）2学級が設置されている。

　数学の授業は，知的学級，情緒学級の生徒が，課題別に5グループに分かれて行っている。グループ内でも一人一人を見るとかなり差がある。

2．本校における数学の基本的な考え方

　数量に関する内容を指導するのは難しいものがある。知的発達に遅れがある生徒にとっても，発達段階を踏まえ，数量に関する系統的な学習を進めることが大切である。また，知的な障害があるため，より具体的な生活や活動を通して直接的にその経験を広げ，深めるようにし，できるだけ生徒の数量的な感覚を豊かにしていくことが大切である。生活の中で数量に関わる具体的活動に重点を置き，生徒自ら興味・関心を持ち，その必要性を感じるような適切な課題設定や教材を用いた学習活動を展開するよう心がけている。特に時刻や時間に関する知識を生活の中で使えるようにすることや，交通機関を利用すること，金銭・買いものや公共機関を利用することなどは日常生活や将来の職業生活を送る上で不可欠なことである。

　さらには，一人一人の実態に合った学習課題や教材・教具の工夫，生徒一人一人が成就感や達成感の持てる授業を展開し，繰り返し学習することで「分かる」「できる」を実感させ，数学の楽しさを伝えたいと考えている。

3．数学指導の場

　本校の数学の週時数は，知的学級で3時間，情緒学級で2時間の設定である。これだけでは，不十分なので，いろいろな場面で数学を意識して指導している。

(1) 日常生活全般での指導

　生活の流れに沿って自然に，無理なく，一人一人に合った内容を繰り返し毎

日指導している。（表1参照）

表1　生活全般における数学的指導内容

	指　導　内　容	生徒A（中学1年）
朝の会	・登校時間の確認（タイムカード） ・朝マラソン ・朝の会，今日の月日，曜日　など	・タイムカードを押し，時刻の確認をする。 ・走った数だけカードに色を塗る。 ・暦を今日に合わせる。
給食	・給食の時間 ・給食時の人数確認 ・配膳時の量（多い，少ない）	・給食の時間を知り適切に動く。手洗い，着替え ・人数に合わせてお盆，牛乳を配膳する。 ・自分が食べられる量（多ければ減らす）

(2) 生活単元学習，作業学習等の中で

　生活単元学習，作業学習を総合学習として捉えているため，数学的な内容等を意識して取り入れている。生活単元学習は，生活上の課題や社会自立を目指した活動が中心となるが，その活動の中に数学的な内容を盛り込み指導する。例えば，遠足の単元では日程に関係して時刻・時間，乗り物に乗るためには乗車券を買うので金銭の学習などである。

　作業学習は働く力や生活する力を高めることを意図した活動が中心となるが，その中に数学的なことを取り入れている。例えば，作業の開始時刻，片付け開始の時刻，今日の目標個数，出来高，製品の袋詰めの際の計量などである。

　これらは，生徒が興味・関心を持って取り組めて，生活に役立つ生きた力となりやすい。反面，活動が中心となるため，系統性を十分踏まえることが難しいところもある。

　この他，総合的な学習の時間，自立活動においても積極的に数学的な内容を取り入れて指導しているところである。

(3) 「数学」の時間において指導

　「数学」の時間は，一人一人の数学の能力に合わせて指導を行っている。そのため，グループに分かれての指導を行っている。今年度は，5グループ編制である。生活単元学習や作業学習などと関連させて組み立てていくことを基本にして，できるだけ生徒の生活に即して指導し，一般化できるようにする必要がある。そのため，指導を進める際には，生徒の実態に即して指導内容の系統

性を踏まえ，個別的な指導を行えるようにしている。5グループに分けての指導であるが，個人差は大きい。従って，教材・教具の工夫，具体物を使っての学習を進め，個人差を配慮しているところである。

4．個別の指導計画

本校では，生徒が自立した生活ができるようになることに焦点を当て，学習したことが般化できるように個別の指導計画を作成し，生徒を支援していくような教育課程を編成している。

なお，個別の指導計画を作成するに当たっては，生徒に関する生活アンケート，保護者の願いなどを取り入れて作成している。

表2　A君の個別の指導計画

障害の状況	知的障害をともなう自閉症。非常にこだわりが強い。			
実　　態	身辺処理は一人でできる。食べものの好き嫌いが激しい。簡単な漢字を含む文章が読める。計算は数字の上に○を書いてやる。お金には興味を示す。			
長期目標	生活能力の向上（バス利用，買いものなど）。日記を書く。以下省略			
	指導目標（短期）	指導内容	指導場面・方法	評　　価
一学期	・朝マラソンに出て5周走る。 ・バザーの販売委員としてがんばる。	・業前運動で体力づくり ・コミュニケーション能力と金銭処理能力の向上	・業前運動で走った周回分カードに色を塗る。 ・生単，国語，数学，自立。買いものという場面設定でのやりとりと金銭実務の練習	・慣れてきたら声かけしなくても，自ら出て行って走れた。 ・計算機の使用が確実にできた。

(以下省略)

5．事例：「お金の学習」──バザーでがんばろう──

バザーは，PTA主催で行われる学校行事である。本学級では作業学習で作った製品を，毎年バザーでお店を出して地域の方々に販売させていただいている。この時期はバザー一色で学習が展開される。生活単元学習で係などを決め，国語で案内状を作成し，美術でポスターを描き，数学ではお金の勉強を，というようになる。

表3 「お金の学習」——バザーでがんばろう——の指導案（部分）

○○○○学級　題材学習「数学」（Bグループ）学習指導案

題材名　「お金の学習」——バザーでがんばろう——

〈本時の指導〉

(1) 目標

① 全体目標

- 言われた金額をそろえ，お金を支払うことができる。
- 電卓を使って合計金額の出し方，おつりの出し方を知る。

② 個人目標

A　言われた金額を出せるようにする。電卓を使っておつりを出す。

	学習活動	支援の手だて・評価
導入 10分	・挨拶 ・計算練習	挨拶により学習開始を意識する。 個々の生徒に合った計算練習（個別に対応する）
	本時の学習内容を知る。 "○○○○のお店"で買いものをしよう ・販売するものと値段を確認する。 ・指定された金額を並べ，財布に入れる。	・授業に見通しが持てるように学習内容を黒板に掲示し，個別に確認する。 ・学習のやり方を実際にやって見せてから説明することで，学習内容をイメージしやすくなり，意欲を高める。 ・実物とカードで確認する。 ［評価］指定された金額が取れる。 　　　　ゆっくりでよいから確実に取るようにする。

6．終わりに

　本単元は本物のお金を使用し，より実生活に近い形で行うことで学習意欲を引き出すことができた。個別の指導計画を使って学校と家庭がA君の買いもの，金銭の学習について報告，確認し合って本単元を終えた。学校だけでは，決して十分とはいえないので家庭との連携が必要不可欠である。そのため，家庭とは定期的に様子を報告し合うことにしている。連携することによって学校は，次の取組への修正が的確にできた。家庭では，学校での取組の様子を知ることにより，取組への見通しが持ちやすくなった。そして，一般化へつなげやすくなったと言われた。今後も有効に活用していきたい。

（原口　明子）

1. 特別支援学級の特色ある実践

事例 2-5　生活単元学習 ——宿泊学習（合同学習）——

東京都中野区立第七中学校

1．はじめに

中野区には，中学校特別支援学級（知的障害）が3校に設置され，毎年1回6月末から7月上旬の時期に，2泊3日で長野県軽井沢にある中野区少年自然の家を使用して，合同宿泊学習を実施している。昨年までは，中学校特別支援学級が2校に設置されていたが，今年度から3校になった。また，合同宿泊学習とは別に，各校ごとに学級単独の宿泊学習をおおむね2～3月に2泊3日で実施している。このように本区では，宿泊学習を通した教育的意義や学習成果を十分考慮し，計画を立てて実施している。

2．生活単元学習としての宿泊学習

『特別支援学校学習指導要領解説　総則編』で「生活単元学習は，児童生徒が生活上の目標を達成したり，課題を解決したりするために，一連の活動を組織的に経験することによって，自立的な生活に必要な事柄を実際的・総合的に学習するものである」と示されている。

本校では，宿泊学習は，自立的な生活に必要な知識や技能を実際的・具体的に学習することができる学習形態として，教育課程上，各教科等を合わせて指導を行う「生活単元学習」として位置づけている。

また，生活単元学習として取り組む場合，次のようなことに留意している。
① 生徒一人一人の障害の状態や興味・関心などに応じたものとする。
② 宿泊学習で身に付けた内容が日常の生活で生かされるようにする。
③ 生徒が目標・課題意識を持ち，見通しを持った活動とする。
④ 一人一人の取組が集団の中で生かされるようにする。
⑤ 様々な具体的な体験を通した学習となるように，内容を組織化する。

計画に当たっては，事前学習，実際の宿泊学習，事後学習と一連した学習内容を組織化して取り組むようにしている。

3．実践事例

(1) 合同宿泊学習のねらい

本区の合同宿泊学習のねらいとして大切な点は，次の三つである。

① 同様な活動を繰り返し実施することで，3年間の生徒の変容を同じ観点で見ることができる。⇨個別指導計画に基づく指導と個人評価表での個別評価→家庭生活への還元

② 特別支援学級相互の交流及び共同学習として，事前学習や現地での活動を通して，交流を図りながら，より大きな集団活動をすることで社会性を育てる。⇨各校，生徒の状態に応じた合同班，合同部屋割りでの活動→社会性の拡大

③ 都心では体験できない様々な学習を通して，自然に親しみながら体験的・具体的な学習をする。⇨ハイキングやホタル鑑賞，ものづくり体験学習等の活動→他教科との関連

(2) 実施計画の手順

3校合同なため，各校の担当者で前年度の反省を基に第1次案を起案し，各校で検討する。宿泊場所及び期日的な条件が毎年同じなため，現地での活動は，おおむね次のような内容で同じ活動として決まっていること，3年サイクルで毎年ローテーションで体験的な学習を行っている。

○1日目の活動
- 軽井沢銀座でのグループ散策，買いもの学習，グループでの昼食（昼食場所を各班ごとで選び昼食をとる）。

○2日目の活動
- 湯ノ丸山ハイキング（雨天時は別活動）…毎年同じハイキングをすることで，生徒によって体力等で課題がある場合，「昨年は，○○までしか行かれなかったけど，今年は頂上まで行かれた」「今年は，山頂まで行くよ」と生徒が目標を持つことができる。また，ハイキングコースを知っているため「ここまで来た」「もう少しだね」と見通しが持てる。
- ホタル鑑賞…夜の学習として，地域のボランティアが運営している「ホタル

の里」に行き,都会では見ることができない「ホタル鑑賞」を毎年実施している。この学習は,各校での事前・事後学習で環境学習と関連させている。
○3日目の活動

①そば打ち体験(長野県小諸市),②こんにゃくづくり体験(群馬県下仁田町),③搾乳,乳製品づくり体験(長野県八ヶ岳)の活動を毎年ローテーションしている。そば打ち体験では,事前に調理学習でそば打ちを実施する。こんにゃくづくりでは,体験場所でもらったこんにゃくの生子を学級菜園で育て,学校でこんにゃくづくりを実施する。乳製品づくりの事前・事後学習では生クリームを使用したバターづくりの実施など,宿泊学習での内容を事前・事後学習と関連させている。また,それぞれの活動と地域との関連を知ることにより社会科の内容として学習するなど,各教科の学習内容を具体的に扱うことができる。

班活動や部屋割りでは,各校や生徒の状態を踏まえて各校の合同班や合同での部屋割りを実施した。

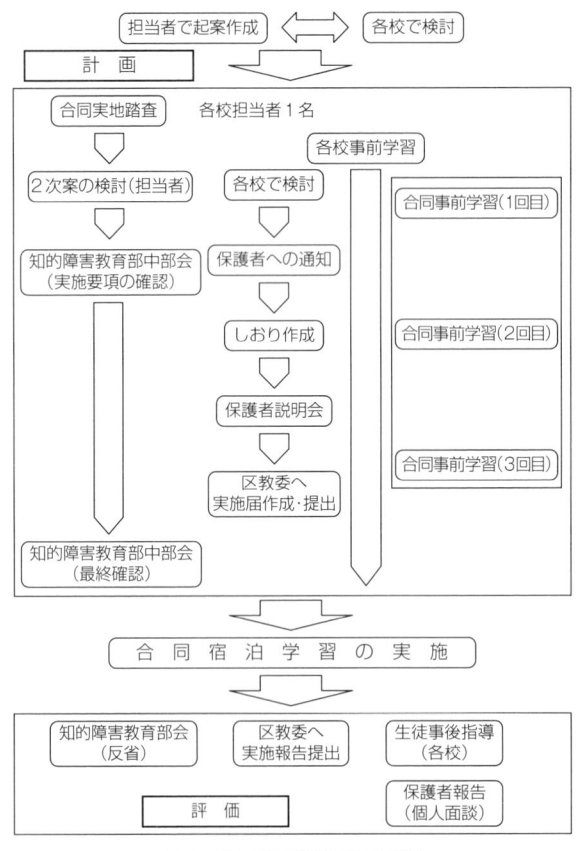

図1　合同宿泊学習の計画手順

(3) 評価

合同宿泊学習を実施し，その評価をする場合，計画そのものに対する評価と生徒一人一人に対する評価がある。計画に対する評価は，各学校での反省（評価）や，学校ごとの反省をまとめた3校合同の評価を行い，次年度への改善に努めることが大切だ。また，生徒個々への評価は，生徒や保護者へ評価を伝えるとともに，教員が次の日から生徒の指導に活かさなければならない評価である。一つは，生徒の各教科等の指導に関する改善，二つめは，生活面や社会性に関する改善，三つめは，学校生活だけでなく家庭との連携を図り，日常生活の全般で活かされるようにすることが大切である。必要に応じ

宿泊学習（軽井沢合同宿泊）評価表

1年　　組　氏名

◎よくできた(ほぼ達成)　○だいたいできた(もう少しで達成)　△がんばろう(継続課題)

評価項目	評価	所見
＜全体での行動＞（活動面）		
・先生の話を聞く		
・指示を聞いて行動する		
・周りの友達を意識して行動する		
・集合や整列ができる		
＜外での活動＞（野外）		
・足元をよく見て歩く		
・山を登ることを楽しむ		
・体験学習がしっかりできた		
・周りの景色や自然を楽しむ		
・レクリエーションを楽しむ		
・帽子のかぶり方・扱い		
・状況に応じての衣服の脱着		
＜宿舎内＞		
・友達と仲良く遊ぶ		
・部屋や廊下などでふざけない		
・トイレを上手に使う		
・レクリエーションを楽しむ		
・係仕事をしっかり行う		
＜食事等＞（生活面・宿舎内）		
・マナーよく食べる		
・食事を残さず食べる		
・周りの人と楽しく会話をする		
＜入浴＞		
・着替えの用意		
・着替えの仕方		
・身体の洗い方・ふき方		
・頭髪の洗い方		
・湯船の入り方		
＜持ちもの＞		
・バッグ(大)の扱い，整理・整頓		
・リュックの扱い，整理・整頓		
・財布・お金の扱い		
＜施設・バス＞（公共施設等）		
・ふざけない，さわがないでできる		
・マナーよく使う		
・バスの中でマナーよく座る		
・		
学校から	家庭から	

図2　宿泊学習の評価表

ては,個人面談を行い生徒の様子を細かく伝えることや,衣服の整理や食事の仕方などについて,学校でのやり方,家庭でのやり方の情報交換を図りながら,生徒がより取り組みやすい方法を探ることが大切である。

4．まとめ

　宿泊学習は,宿泊を通して生活する上で必要な様々な技能や知識を身に付けるための学習であり,知的障害のある生徒が,将来自立的な生活を送る上で必要不可欠な学習である。そして,生活単元学習として,「合わせた指導」のよさを生かした,つながりのある学習として取り組むことで,生徒が自分の力として具体的・体験的に身に付けることができる。

　ICF(国際生活機能分類)の考え方を踏まえ,知的障害の生徒の特性に合った学習を進めることは,生活する(社会参加する)ことができる力＝「生きる力」を育むために効果的であると考える。

（山田　貴之）

事例 2-6 作業学習

埼玉県上尾市立上尾中学校

1. はじめに

本校は，全校生徒数900名を超え，学級数28学級，そのうち特別支援学級4学級（知的障害特別支援学級2，自閉症・情緒障害特別支援学級2）が設置され，30名の生徒が在籍し，生徒は日々元気に生活を送っている。

本校では，生きる力や働く力の育成をめざし，生活単元学習と作業学習という領域・教科を合わせた学習を教育課程の中心に据え，指導を展開している。

2. 教育課程への位置づけ

本校の作業学習では，作業活動を学習の中心に据え，働く力ないしは生活する力を高めることを意図している。

作業学習等を通して，社会人・職業人として必要な態度・知識・技能を身に付けさせて，社会参加・自立を目指していく。この時，中心的な役割を果たすのが作業学習であると考え，本校では，生活単元学習とともに教育課程の中心に位置づけて，週6時間設定している。（表1）

表1 日課表
（自閉症・情緒障害特別支援学級）

	月	火	水	木	金
1	生単	生単	生単	自立	自立
2	体育	体育	体育	音楽	体育
3	国語	数学	国語	作業	数学
4	数学	音楽	英語	作業	国語
5	総合	作業	作業	体育	美術
6		作業	作業		美術

3. 本校の作業学習

(1) 作業種目の選定

本校では作業学習を取り入れて以来，いろいろな作業種目を取り上げてきた。現在は，農耕，陶工，木工，紙工芸，手芸の5種目を行っている。作業種目選定にあたっては，本校独自の選定要件を考えている。例えば，生徒，学級，学校，地域，教師の実態に応じているものであること，生徒の実態に応じて段階的な指導ができるものであること，を選定する要件としている。現在行っている5種目は，こうした要件に照らして検討を加えた結果である。

131

(2) 障害の程度が重い生徒,自閉傾向の強い生徒への配慮について

　本校の生徒の実態は,表出言語のない生徒,排泄が自立していない生徒,知的面は高いが,情緒の面で課題が大きい生徒,こだわりが強い生徒など,様々な生徒が在籍している。生徒を作業活動に参加させるため,生徒一人一人の障害特性等を十分に観察することが基本であると考えている。そのため,本校では生徒の実態等により,特に注意集中を高める場や言葉かけの工夫をし,作業を展開している。なお,作業学習では,以下のことに配慮している。

- 生徒の実態,特徴に応じて作業を課すこと。
- 生活に直接つながる内容であること。
- 見通しをつけさせるため,生徒の座席や位置を,ある程度の期間変えないこと。
- 体を使う具体的な作業を設定すること。
- 単純な工程で自分の役割が分かるようにすること。
- 道具を使用する場面も設定すること。
- 何回も繰り返す部分があること。

表2　作業学習年間計画

	4月	5月	6月	7月	9月	10月
農耕	作業班の決定 畑の耕作 除草	夏野菜の植え付け	サツマイモの苗植え ジャガイモの収穫 バザーの準備	夏野菜の収穫 除草	収穫,整地 石灰散布 大根種まき	追肥 除草
陶工	作業班の決定 作業時の約束 粘土作り	粘土練り 制作練習 ・手びねり ・紐つくり	共同での制作 練習 バザーの準備	制作練習 ・板作り ・型抜き	制作 ・板作り ・型抜き ・電動ろくろ	制作 ・板作り ・型抜き ・電動ろくろ
手芸	作業班の決定 作業の約束 雑巾縫い	和紙の箸置き 刺し子 雑巾縫い	和紙の箸置き 刺し子 バザーの準備	スウェーデン刺繍	スウェーデン刺繍 染色	スウェーデン刺繍 染色

(3) 指導例

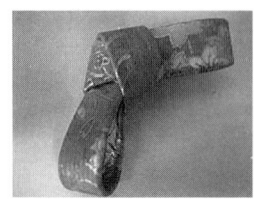

図1　和紙の箸置き

表3　和紙の箸置き作り作業工程

	作業工程	作業内容	指導上の留意事項
1	テープを切る	・テープの長さを測る ・テープに印をつける ・印どおり切る	・基準のテープとテープの端がずれないように注意させる ・印をはっきりつけさせる
2	和紙を切る 印つけ	・和紙に型紙をあてて印をつける ・印どおりに切る	・無駄のないように型紙を置くよう支援する
3	印つけ	・テープを置く位置に印をつける	・できるだけまっすぐに線を引かせる

表4　個別化した作業学習の指導計画（一部）

氏　　名	A	学年	年	指導者	作業班担当	指導場面	作業時間
生活の目標	自主的行動を増やす。見通しを持って一日の生活を送る。係の仕事をやり遂げる。							
作業学習の目標	作業に必要な知識及び技能の習得を図る。わからない時は，勝手に作業を進めないで聞く。自主的に作業に取り組む態度や姿勢を養う。挨拶，返事，報告。							
長期目標	作業に見通しを持って準備から片づけまで行う。							
短期目標	作業の表を確認しながら作業を行う。班の友だちと協力しながら作業を進める。							

(4) 販売学習について

　本校では，作業の時間に作った製品を販売学習している。初めは，ジャガイモ，サツマイモを職員対象に販売していた。その後，箸置き，茶碗，コーヒーカップ，クッキー，ぎんなんと販売品目を拡大してきている。最近は，ガーデンフェンス，本立て，はがき，しおり，袋物，刺繍等々，さらに品数を増やしているところである。

　販売学習を取り入れた理由は，
・作業に対する意欲を高める上で効果的で，製品が売れることによりさらに学習に対する意欲を高めることができる。
・作業学習は総合学習であるため，生産から消費まで一連の学習を通して様々な経験をさせられる。
・〈売れるもの＝製品〉を目指すため，品質に対する厳しさが要求される。障害のある生徒が作ったのだからという甘えは，通用しない。
・製品のチェックとともに，それをクリアするために，厳しい現実度の高い本格的な作業学習を展開することにつながる。
・年間計画の中に位置づけておくことによって目標が持ちやすい。

　以上のことから販売学習を実施している。
　一年生にとって初めての販売学習を一学期に行った。始めは恥ずかしがっていた生徒も徐々に慣れてきて，大きな声でお客さんを呼び込んでいた。価格の決定，広告，お店のセッティングなどをみんなで協力して行った。
　生徒の主体的活動を大切にしながら，自分

図2　販売学習（バザーでの販売）

たちで作った製品が自分たちの目の前で売れたという喜び，満足感，成就感を体験させている。教職員以外に製品が出回ることになってさらに製品に関する意見がいただけるため，それが作業学習のさらなる向上につながっている。また，バザーでの販売は，地域により根ざした活動として地域の方々との交流にもつながっている。

(5) 作業学習との関連－産業現場等における実習

産業現場等における実習は作業学習との関係が深い。以前は，現場実習を「作業や実習」に含めていたが，職業教育や進路指導の一環として教育課程に位置づけられている。本校では，作業学習の中でも指導を行っている。

産業現場等における実習は，現実的な条件のもとで生徒の職業適性等を明らかにし，職業生活ないしは社会生活への適性を養うことを意図している。知的障害のある生徒は物事を抽象的に考えることが苦手なため，実際の生活の中で必要な生活経験を通して，現実的な認知ができるようになる。つまり，産業現場等における実習は，作業学習で学習したことがらを実際の職場で発揮する場として捉えている。

本校での産業現場等における実習のねらいは，以下の通りである。

- 働く意義を理解させ，働く意欲を高め，職業生活のイメージをつかませる。
- 社会人として，望ましい集団行動や規律，礼儀を守る態度を養い，対人関係の持ち方を学ばせる。
- 社会人となる心構えを育てるとともに，自分の進路の見通しを持たせ，主体的に進路選択ができるようにさせる。
- 自立した生活を送るために必要な学習課題を知り，今後の学習に役立たせる。

本校では，2年生から実習に出ている。2年生は1週間，3年生は2週間の実習を行っている。実習先を開拓していくのは困難であるが，実習を経験した生徒は，学習，生活両面で大きな変容がみられる。

図3　現場実習（製袋加工）

（原口　明子）

事例 2-7	「段取りする力」を育てる調理作業の取組
	埼玉県さいたま市立原山中学校

1. はじめに

職業生活において，段取りをする力は大切である。知的発達に障害のある生徒が就労した場合，①言われたことしかやらない（ちょっとやったらすぐに「終わりました」と言う），②やりにくい状況を自ら改善しない，③わずかな工程の変更に対応できない，などについて就労先の事業所から指摘されることが多い。これらの原因として考えられることは，作業工程の全体を把握していない，道具の扱い方に習熟していない，効率のよい作業動線の存在に気付かない，応用力に欠けるなどが挙げられる。

調理作業の特性として，①短時間で完成できる，②一連の工程を一人で行うことができる，③個々の能力や特性に応じた題材（献立）が提示できる，④様々な道具を使用する，⑤題材（献立）が変わっても大まかな流れはほとんど同様である，などがある。そこで，これらの特性が「段取りする力」の育成に役立つと考えた。

表1　調理作業と「段取りする力」の育成

①「準備」「片付け」の手順が分かる。 ②調理手順が分かり，手順表に沿って作業を進めることができる。 ③道具や材料の名称，収納場所，扱い方が分かる。 ④様々な種類の献立に挑戦する。	⇒	段取りする力

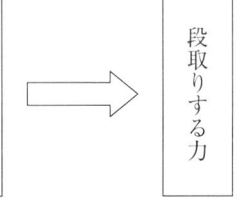

本校では，「調理」の他に「切り絵カレンダー」と「木工」を実施している。「調理」は全員が履修し，「切り絵カレンダー」と「木工」のうち，どちらかを履修する。各題材が持つ特徴を補完し合うことによって，職業に関する基礎的な知識と技能，実践的な態度を効率的に身に付けさせたいと考える。

2．指導計画の作成

献立は易しいものから複雑なものへと13種類の課題が用意してある。後半の弁当作りは，既習の献立を組み合わせて作る。

生徒は，作り方表を読んで，一人で二人前ずつ作る。教員の指示を必要とせず，時間内(110分)に片付けまで終了できたら合格とし，次段階の課題に取り組む。初めての課題に取り組むときは，教員が模範を示すなど直接的な指導を行う。指導者は2人で，生徒は同時に6～7人で実施する。各生徒によって課題の進度が違うので，ときには全員がそれぞれ異なる課題を同時に行うこともある。

表2　課題献立表

	献　立
課題1	カレーライス
課題2	オムライス
課題3	餃子
課題4	豚汁
課題5	お好み焼き
課題6	ナポリタン・サラダ
課題7	ポテトサラダ きんぴら
課題8	ハンバーグ
課題9	三色丼・かき玉汁
課題10	おにぎり弁当
課題11	チキンライス弁当
課題12	三色弁当
課題13	ハンバーグ弁当

各生徒は年間10回程度実習を行い，進級したら続きの課題に取り組む。3年間で30%～50%程度の生徒が最終段階までクリアできている。

手順表は「準備表」「作り方表」「片付け表」の3種類を用意する。

3．指導上の留意点・工夫など

(1) 段取りする力が身に付く作り方表の作成

分かりやすい表記，平仮名で作り方表を作成する。ポイントとなるキーワードは文字の表記を強調する。次の工程が分からなくなり，戸惑っている生徒には「次は5番をやってください」などと間接的な指示をする。また，作り方だけではなく，道具の出し入れや報告なども盛り込み，順に読んで仕事を進めていくだけで献立が完成できるように，課題分析を行う。

難度の高い献立は，漢字を使用したり，道具の出し入れの記述を省略するなど，一般のレシピに近い表記にする。

以下は，作り方表の一例である。

表3 「課題3 餃子」の作り方表

```
1  ざいりょうをだす。
2  まないた，ほうちょう，ボールを2こ（あか・しろ）だす。
3  はくさいをあらって みじんぎりにして しろいボールに いれる。
4  はくさいに しおを こさじ1ぱい ふりかけて 10かい まぜる。
5  にらをあらって みじんぎりにして あかいボールに いれる。
6  しょうがを みじんぎりにして あかいボールに いれる。
7  にんにくを みじんぎりにして あかいボールに いれる。
8  ひきにくを あかいボールに いれる。
9  はくさいをしぼって あかいボールに いれる。
10 しょうゆを こさじ1ぱい いれる。
11 さけを こさじ1ぱい いれる。
12 ごまあぶらを こさじ1ぱい いれる。
13 100かい こねる
14 どうぐをあらって ふいて しまう。
15 ちょうりだいを ふく。
16 おわんに みずを いれる。
17 ぎょうざのかわ，バット，スプーンを だす。
18 つつむ。
19 だいふきんをぬらして おいておく。
20 フライパン，ふたを だす。
21 サラダあぶらをいれて ガスを つける（つよび）。
22 50かぞえたら ガスを とめて だいふきんのうえに おく。
23 キッチンペーパー，さいばしで あぶらを ふきとる。
24 フライパンに ぎょうざを ならべる。
25 みずを カップに 1ぱい いれる。
26 タイマーを だす。
27 ガスをつけて ぎょうざを やく（つよび）。
28 けむりがでて こげめがついたら みずを いれて ふたをする。
29 タイマーを 3ぷんに セットして スタートボタンを おす。
     （以下 省略）
```

(2) 準備・片付けの徹底

　作り方表とは別に準備と片付けの手順表を作成する。準備の内容は，身支度や調理台のチェック，片付けの内容は清掃などを含め，作り方表同様，始めか

ら終わりまで教員の指示がなくてもできるようにしている。

　また，ゴミの分別やふきんの漂白などを当番制で実施し，衛生管理の大切さが理解でき，その方法を身に付けるようにしている。

(3) 評価基準の明確化

　作り方表に評価欄が入ったものを個別に用意し，指導者が評価を実施する。評価基準は右表の通りで，分かりやすい観点なので指導と同時に記入することができる。◎及び○で表がすべて埋まれば「合格」なので，生徒自身も達成状況を理解でき，意欲を持ちやすい。また，他の教員や保護者など，第三者への説明がしやすく，指導方法の共有などが容易に可能である。

表4　評価基準

＜評価の観点＞
◎　自主的にできる
○　読んで　できる
△　言葉の指示で　できる
×　模範を示せば　できる
―　手を添えれば　できる
？　不明
空欄　教員がやった

4．まとめとして

　新学習指導要領では，職業に関する指導を重視している。本校では，作業学習において「一人でできる環境づくり」をスローガンに，授業の改善を進めている。具体的には，①分かりやすいものの配置，②むだのない動線の確保，③一人でできる手がかりの提示，の3点である。

　調理作業では，一人でできる手がかりとして，手順表の工夫を中心に改善を進め，効果を上げることができた。今後はものの配置や動線の確保などの観点について，改善を進めていきたい。

（石川　由美子）

事例 2-8 ともに生きる交流及び共同学習

静岡県三島市立北中学校

1．本校の特別支援学級について

本校は生徒数644人，通常の学級18学級，特別支援学級4学級からなる。特別支援学級は，知的障害学級3学級（17人）と自閉症・情緒障害学級1学級（7人）で，学級担任4人，支援員2人が配置されている。特別支援学級では，①自尊感情を育てる。②自己決定力を付ける。③基本的な生活習慣，健康安全の知識・技能，生活で生きる学力を身に付ける。これら3本を主な柱とし，生徒たちは「チームワーク」を合言葉に自立を目指してがんばっている。

2．特別支援学級の交流及び共同学習への取組について

> お互いを知り理解を深めるとともに，より多くの人たちと活動することを通して社会性を身につけ，新しい発見や感動が得られるようにする。

本校では，静岡県の推進している「共生・共育」の理念に基づき，上記を目的として交流及び共同学習を進めている。偏見を生まないためにも相手を知り，お互いを認め，「学級の子」から「学校の子」へ，さらには「地域の子」として，ともに育つ交流及び共同学習を目指している。

(1) 「地域の子」としてともに育つ交流及び共同学習

本校の特別支援学級では，市内特別支援学級設置校6校の合同行事の他，職場体験活動，生徒会で呼びかける地域活動などへの参加を通して交流及び共同学習を行っている。

○小学校4校，中学校2校から83人の児童生徒が集う合同行事では，中学生が中心となり教師とともに準備を整え，会の進行を務めている。これらの行事を通して児童生徒の親睦が深まるだけでなく，中学生はリーダーとしての自覚を持ち，小学生の模範となる態度を心がけたり，進んで下級生の世話をしたり，他校の生徒の行動を見てよさを取り入れたりするようになってきた。

○毎年生徒会が呼びかける地域活動に，特別支援学級の生徒も積極的に参加し

ている。生徒会の一員としてルールやマナーを守り，共通の目的を持ってともに活動することを通して，「同じ学校の子」という意識や「地域に貢献した」という満足感が得られ，生徒の自信につながっている。

(2) 「学校の子」としてともに育つ交流及び共同学習

表1　取り組んでいる交流及び共同学習の一覧

	活動名	関連する教科・領域
合同行事	なかよし運動会に向けて	生活単元学習
	なかよし学習発表会	総合的な学習
	市内小中学校作品展	美術
	なかよしスポーツ教室	特別活動・余暇
地域	環境ボランティア	生徒会活動・余暇
	三島夏祭り「農兵節」踊り大会	生徒会活動・余暇
	職場体験（老人福祉施設・幼稚園・市立公園）	総合的な学習

① 日常的・継続的な交流を通して

　本校では，毎週木曜日を「交流の日」とし，特別支援学級の生徒が通常の学級に行って読書や朝の会，給食を通して交流及び共同学習を行っている。限られた時間だが，継続的な取組を通して次のような成果が生まれている。
○校内で会ったときには，名前を呼び合い，ごく自然に挨拶や会話を交わす。
○生徒の特性や支援が必要な場面を理解し，さりげなくサポートしようとする。
○担任以外の指示に従って日常と違った流れの中でともに活動することで，特別支援学級の生徒の社会性が培われている。

② 学校行事・学年行事を通して

　学校行事をはじめ，定期的に行われる学年ワールド（集会活動），百人一首大会，球技学年ワールドなどの学年行事に生徒たちが主体的に関われるよう，内容やステップについて学年部と相談しながら積極的に交流及び共同学習を進めている。

③ 部活動や委員会活動を通して

○特別支援学級の生徒たちにも中学生として部活動を経験させたいという思いから発足したピンポン部には，現在特別支援学級生徒23人と通常の学級

生徒2人が所属し，部長を中心に走力の優れた友だち，リーダーシップがとれる友だち，卓球の技術が高い友だち，準備や片付けが手早くできる友だちなど，生徒らがそれぞれのよさを認め合い支え合って活動している。
○ 委員会には特別支援学級生徒全員が所属し，昼の放送やグラウンドのライン引きなど，担当教師の支援のもと，個の目標に応じた内容で活動を行っている。違った環境の中で戸惑う生徒もいるが，困っている生徒には上級生や同学年の生徒が「一緒にやろう」とさり気なくサポートし，ともに活動する姿が見られている。

④ 特別支援学級から通常の学級へ，通常の学級から特別支援学級へ

本人の希望と保護者の了解に基づき，個別の目標を設定して特別支援学級から通常の学級へ，通常の学級から特別支援学級へと，教科・領域・生活の交流及び共同学習を行うとともに，以下の4段階のステップで支援している。

交流及び共同学習へのステップ
A　特別支援学級支援員がそばにいて，ともに活動する。
B　特別支援学級支援員が見守る中で活動する（少し距離をとって）。
C　一人で交流する（特別支援学級担任がときどき様子を見て支援）。
D　一人で交流する（困ったときは友だちや交流学級の教師に聞く）。

学習における個の目標や交流のねらいの設定は，交流学級や教科担任と話し合い，調整して進めている。交流及び共同学習のルールは次の通りである。
a　スケジュールの管理を自分で行う。（セルフマネージメント）
b　担任への事前連絡と事後の報告，交流終了後の教科担任への挨拶をする。
c　学校のルールが守れないときは，一旦停止し，マナースキルのトレーニングを行い，改善がみられたら再度実施する。
d　本人にとって望ましい交流ができるよう，保護者と本人を交えて随時コラボレーション会議を開く。

上記を交流システムとして作成し，現在特別支援学級から通常の学級へ4人，通常の学級から特別支援学級へ3人が教科の交流及び共同学習を行っている。

3．交流及び共同学習の素地となっているもの

(1) **生徒を知れば教師の対応が変わる。教師の対応が変われば生徒が変わる**

今年度学級担任のほか，8人の教師が特別支援学級の教科授業を担当している。いろいろな教師と関わることで生徒にとって「自分たちの先生」という意識が広がり，安心して交流及び共同学習が進められる素地となっている。

(2) **みんなちがって　みんないい**

生徒相互の理解を深める目的で，毎週火曜日朝の15分間を「コミュニケーションタイム」として各学級で実施している。お互いの考えに気付き認め合う「人間関係づくり」の取組は，障害のあるなしでなく，個性や特性として相手を理解し受容する基盤となっている。

(3) **全校生徒を対象にした特別支援**

本校では，発達障害のある生徒への支援を特別なものとするのではなく，どの生徒にも有効な分かりやすい支援と考え，全校で学習のルールや環境の共通化を図っている。

例1：授業の流れに見通しが持てるための支援として，全教室の黒板に「学習の流れ」を表示する（写真1）。

例2：ユニバーサルデザインに基づいた，分かりやすい校内表示を工夫する（写真2）。

(4) **よりよい交流及び共同学習を目指して**

年度当初の全体研修で特別支援学級の教育方針や交流及び共同学習の意義や目的について提案し，学年集会では特別支援学級や生徒たちの紹介を行っている。子どもたちが「学校の子」「地域の子」として，ともに育っていくよりよい交流及び共同学習を求めて，今後も研修していきたい。（小野　直美）

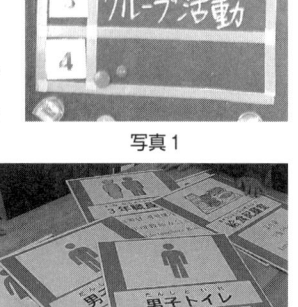

〈参考〉　静岡県教育委員会　『静岡県の特別支援教育2009』

事例 2-9 進路の学習

東京都中野区立第七中学校

1. はじめに

本校及び中野区内の中学校特別支援学級卒業生は，特別支援学校高等部へ進学することが多い。また，特別支援学校だけではなく，定時制高校や通信制の高校への進学を希望したり，進学をすることも多い。生徒や保護者は，中学校卒業後の進路に関して，上級学校へ進学し，特別支援学校高等部等を卒業してから就労へと進む道を希望することが多い。このことは，通常の学級でもほぼ全員が上級学校への進学をすることと同様に，高等部（高校等）は卒業したい，卒業させたいという願いである。

しかし，障害があるなしにかかわらず，将来，社会人として，本人の実態に合った働き方をし，社会参加をすることは，教育の目標の一つである。ここでは，将来の社会参加や職業生活を目標にした中学校特別支援学級での進路の学習について考える。

2. 進路学習の基本的な考え方

本校では，特別支援学校学習指導要領（中学部知的障害）を基に教育課程を編成し，進路学習を進めている。職業・家庭科の目標である「明るく豊かな職業生活や家庭生活が大切なことに気付くようにするとともに，職業生活及び家庭生活に必要な基礎的な知識と技能の習得を図り，実践的な態度を育てる」を具現化するための学習を組み立てていくようにしている。また，解説にも示されている，①働くことの意義，②職業に関する基礎的な知識，③道具等の扱いや安全・衛生，④役割，⑤現場実習，⑥家庭の役割，⑦家庭に関する基礎的な事項，⑧情報，⑨余暇，の内容を踏まえて学習計画を立て，指導している。

また，教科別の指導だけでなく，合わせた指導としての「作業学習」を通して，より具体的・実践的な学習になるよう工夫している。これは，教科としての「職業・家庭科」の内容だけでなく，将来社会参加をした場合を想定し，よ

り広い内容を総合的に扱う必要があるからだ。

『特別支援学校学習指導要領解説』にも,「作業学習は,作業活動を学習活動の中心にしながら,児童生徒の働く意欲を培い,将来の職業生活や社会自立に必要な事柄を総合的に学習するものである」と示されている。

本校では,教科としての「職業・家庭科」では,職業に就くための基礎的な知識や技能,道具や機械等の名称や扱い方,栽培や木工作,家庭生活に必要な知識や技能,被服や調理等について学習するとともに,コンピュータ等についても学習する。また,作業学習では,スウェーデン刺しゅうに年間を通して取り組んでいる。

進路学習を進めていく上で,知識や技能だけでなく,基本的な生活習慣や身だしなみ,言葉づかい,情緒の安定,コミュニケーションや人間関係の形成が大変重要である。そのため,学校の教育活動全般で言葉づかいや人との接し方など,コミュニケーション能力の育成を図るようにしている。

(1) 身だしなみ等の指導

「日常生活の指導」として,毎日,朝の会や帰りの会のときに,次ページのようなチェックリストを作成して活用し,「服装・自分の身だしなみチェック」や「あいさつ・言葉チェック」を行っている。

これは,毎日行うのではなく,1週間の反省として毎週金曜日の帰りの会に実施している。本人の自己評価を基に他の生徒の評価を行う。これは,改善するべき点を見つけるのではなく,相手のよいところや見習いたいところを見つけようとする視点から評価することで,よりよい改善が望まれると考えている。また,家庭の協力を得ながら,家庭で改善できるところを連携していくことも大切である。

(2) 職業・家庭科の指導

教科指導として,社会生活に必要な知識や技能を身に付けることをねらいとして指導している。主な指導内容は,木工,栽培,被服,調理等を行いながら,それぞれの学習に必要な道具の名称や扱い方を,実技を通して学習している。また,調理学習と生活単元学習を関連させ,給食がないときに「D組食堂」と

5章 特別支援学級・通級指導教室の特色ある実践

		中野区立第七中学校　D組

服装・身だしなみチェック

名前　[　　　　　]

年　　　月　　　日

	チェック項目	本人評価	他者評価	メモ
清潔な服装	洗濯してあり汚れやシミ，臭いがない			
	ボタン，ホックが外れていない			
	破れていない			
	靴や上履きが汚れていない			
	かかとをふんで履いていない			
身だしなみ	髪は清潔に寝ぐせがない　ブラシやクシでとかしてある			
	手の汚れがなく，爪が切ってある			
	歯磨きをしてある			
	シャツの裾がズボンやスカートに入れてある			
	ボタンのかけ違いがない			
あいさつ・返事	「おはようございます」としっかりあいさつできる			
	「さようなら」と帰りのあいさつができる			
	作業の時間「○○へ行ってきます」と言ってから教室を出る			
	職員室に入る時「失礼します」と言う			
	学校内で先生に会った時に会釈する			
	「ありがとうございました」「すみません」を言う			
	名前を呼ばれたら「はい」と返事ができる			

図1　「日常生活の指導」に使われているチェックリスト

して，自分たちの昼食つくりを兼ねて，教職員から昼食の注文をとり，生徒を調理グループと販売グループに分けて，カレー等の昼食販売を行うなど，作業学習や生活単元学習と関連させながら，より具体的・実践的な学習活動となるように工夫している。

(3) 作業学習の指導

　作業学習では，主にスウェーデン刺しゅうを作業素材として，「作業態度」「手先の巧緻性や技能」「集中して作業する力」をねらいとして指導している。スウェーデン刺しゅうを取り入れている理由としては，①比較的簡単な作業工程から段階を追って複雑な作業工程へと，生徒の実態に応じた指導ができる。

②手順が分かれば一人で作業に取り組める。③間違えたときに修復することが容易である。④作業量や作業進度が分かりやすい。⑤作業製品の利用価値が高い。こうした理由に加えて，作業中は集中すれば，自ずと会話やおしゃべりがなく静かな環境で作業することができ，分からないことやミスをしたときに，適切な対処方法を身に付けることができ，作業態度や作業への集中力を養うことができることも大きな利点である。

また，進学先の学校見学や近隣の福祉作業所や障害者雇用を進めている企業等への職場見学，現場実習の取組も行っている。そのことにより，生徒本人の自覚を促すとともに，保護者の理解も深めていくことができるのである。

(4) 企業との連携

本校では，障害者雇用を行っている企業の協力を得てキャリア教育を実施している。サービス業の障害者雇用・教育担当者をゲストティーチャーとして招き，接客についての学習をする。公開授業として，保護者や小学校教師にも参加してもらい，進路に関する啓発として取り組んでいる。

(5) その他の学習

簡単な説明文の読解力や必要書類の記入，簡単な計算，金銭等の学習は，国語や数学の教科学習で，基礎的な学力として身に付けることが大切である。

また，思いやりや感謝の気持ち，責任や自覚等については，学校生活や家庭生活全般の中で道徳として学習することが必要である。そして，円滑で幅広い人間関係を身に付けるためには，学校内はもとより，様々な交流及び共同学習を通して，実際的・体験的に身に付けることが大切である。

3．まとめ

進路学習を進めていく上で，

①本人の状況（障害の状況や適性など）の把握

②本人の願いや保護者の願いを受け止める

③学校からの情報提供等

をしながら取り組むことが重要である。

そのために，家庭と連携した個別指導計画の作成や，生徒・保護者との面談

などを活用することが必要である。生徒一人一人の障害の実態に合った社会参加をさせるために，中学校段階では，何を押さえておかなければならないか？　その生徒が，「(近い将来)20歳のとき，もう少し先の30歳・40歳のとき，どのような生活をしているか？　していてほしいか？」といった，将来を見通した指導を計画的に行うことは特別支援学級の教師として大切なことである。中学校を卒業して5年後は，社会人であり成人であることを踏まえ，その土台づくりを今することが進路学習の基本と考えている。　　　　　　（山田　貴之）

2. 通級指導教室の新たな試み

　通級による指導は，一般に通級指導教室と呼ばれ，平成5年より学校教育法施行規則の規定に基づいて開始されたもので，対象となる障害は，言語障害，情緒障害，弱視，難聴，肢体不自由，病弱及び身体虚弱であった。平成18年4月に学校教育法施行規則が改正され，対象となる障害は，言語障害，自閉症，情緒障害，弱視，難聴，学習障害，注意欠陥多動性障害，その他となっている。この改正により，自閉症が，情緒障害から独立したこと，学習障害（LD），注意欠陥多動性障害（ADHD）が新しく加えられたことが特筆される。

　さらに，平成21年3月に特別支援学校の学習指導要領が改訂され，自立活動の内容に「人間関係の形成」が設けられ，LD，ADHD等の発達障害の児童生徒の指導に活用されることが期待される。

　通級指導教室の指導の主な内容は，教科の補充のための指導，自立活動の指導などである。指導の方法としては，1対1の指導（教師1人に対し，児童生徒1人），1対複数の指導（教師1人に対し，児童生徒2～3人），小集団による指導などがある。その成果を通常の学級での活動に活かす必要がある。

　現在は通級による指導に含まれているものに巡回による指導があり，教員が，特別な支援が必要な児童生徒のいる学校を巡回して指導する場合がある。

　通級による指導を受けている児童生徒は，年々増加しているが，地域的にはかなり限定されている。児童生徒数の多い都道府県は，東京，神奈川，千葉，北海道，埼玉，京都，群馬，新潟，大阪，栃木であり，少ない県は，大分，香川，高知，鳥取，和歌山である。

　通級指導教室の事例を8例紹介しているが，いずれも障害による課題を解決するための特色のある指導を展開している。その概要は，次のようである。

事例3-1　弱視通級指導教室の対象となる児童の障害の状態，個別指導計画の作成，指導の内容，在籍校・在籍学級担任との連携，巡回指導（訪問による指導）などを紹介してある。事例は，幼児期から早期教育を行った小学校1年生への実践をまとめてある。巡回指導，幼児期からの指導等に注目する。

事例3-2　小学校入学後に聴覚障害が発見され，難聴通級指導教室で発音，ことばの指導，補聴器の装用の練習を行い，コミュニケーション能力を高めている。また，通常の学級での配慮事項を話し合い，自信を持って活動できるように指導している。

事例3-3　1年生のときに構音障害等で通級指導を受けた児童が，課題の解決により，通常の学級の指導のみとなった。4年生になって再度通級指導教室で指導を受けることになった例で，中学，高校までの長期にわたる支援計画に基づいて，指導が進められている。

事例3-4　自閉症の児童の特性に応じて，教室を構造化して使用して

いる。「カフェを開こう」、「ミニ展覧会を開こう」等を設定し、グループでの学習を重視して、人との関わり、手指の巧緻性、コミュニケーションの向上を図っている。

事例3－5　「選択性かん黙」の児童の指導事例を紹介している。「本人のできる方法での意思表示」を大切にし、「話をすること」にこだわらず、不自由なく過ごせることを目標に、人とのやりとりの方法を学習している。

事例3－6　中2女生徒（ADHD）の指導事例を具体的に紹介している。ワークシートの活用が本事例では有効なこと、その内容を基に教師と話し合いを繰り返すことにより、人間関係がつくられていくことをまとめている。

事例3－7　ADHDの児童に対し、個別指導と小集団指導（5人グループ）を取り入れ、順番を守ること、単語でなく会話文で話すこと、ルールを守ることなど、対人関係の育成に力を入れている。また、在籍学級における座席、班編成等への配慮の大切さを指摘している。

事例3－8　LDの児童で、漢字を書くことが苦手な例、読むことが不得手な例、九九が覚えられない例、引き算が苦手な例について、教材・教具、興味・関心などを基に個別に指導する場合の工夫について紹介してある。また、小集団による指導により、意欲的に活動できるようになった例を挙げている。

（大南　英明）

事例 3-1	通級指導教室の指導 ——弱視——
	東京都世田谷区立笹原小学校

1. 対象

　眼鏡などで矯正しても視力がおおむね0.3未満の視力の弱い子どもたちが，通常の学級で力を発揮し，いきいきと学習したり生活したりするには様々な配慮を必要とする。弱視通級指導教室は，弱視児が自己の障害に起因する学習や生活上の様々な困難を，自ら改善・克服する力を身に付けられるよう支援するものである。弱視児本人に対する直接的な支援はもちろん，在籍学級担任や周りの子どもたち，保護者や地域の人々など本人を取り巻く人々に対しても，いわゆる環境を整える意味で支援を行う。

　近年，弱視通級指導教室の対象児は広がりつつある。これまで対象とされてきた軽度の弱視児だけでなく，通常の学級に在籍する0.04程度の低視力の子どもも通級している。また，視力は0.3以上あるが，発達障害等で視知覚・視覚認識に課題のある子どもも一部だが通級が認められ始めた。さらに，早期教育の必要性がいわれているにもかかわらず，弱視幼児の指導を行う場がほとんどないため，医師や視能訓練士等から紹介されて来室するなど，小学校の弱視通級指導教室に専門性を求める保護者も多くなっている。就学前教育相談ではそうした要望を受け入れ，指導している。

2. 個別指導計画の作成

　通級による指導では，在籍校から提出される個別教育課程に基づき個別の指導計画を作成して，実際に指導や支援を行い，評価をする。当教室ではこのすべてを通級指導教室と在籍校と保護者の三者が連携し，協力したり役割分担したりして行っている。子どもの課題は，通級指導教室だけでは捉えきれるものではなく，在籍学級における学習上や生活上の課題は在籍学級担任が，家庭での生活上の課題や眼疾患等は保護者がよく捉えていると考えるからである。

　実態把握では，遠方・近方の視力，最大視認力（最小可読指標），視野，輻輳，

羞明の影響，眼球運動等の視機能を評価するとともに，眼疾，フロスティグ等の視知覚発達の検査，行動観察などから，子どもの課題を把握する他，在籍学級担任や保護者，本人の願いを捉え，それぞれの場での配慮事項や支援機関を加えて表にまとめる。この実態表は，個別の教育支援計画にもなると考える。

実態把握の後，三者で年間の目標と計画を立て，さらに学期目標と指導の計画を立てる。作成の仕方は，指導・支援内容の原案を通級指導教室で作り，在籍学級担任と保護者に加除訂正してもらいながら，それぞれの場での目標と手立てや配慮を記入してもらう。学期末には，それぞれの目標と計画に対してそれぞれ評価する。協力と役割分担は，連携の具体化の一つである。もちろん，個別指導計画は，実態表，年間指導計画，学期の指導計画，学期の評価で一冊のファイルにし，三者が同じものを持つ。

3．指導の内容

自立活動及び教科の補充指導として表1のように7領域にし，指導計画を作成，実践，評価している。具体的な指導内容は，子どもの実態により異なる。

表1　7領域と指導項目及び指導内容

領　　　域	項　目　（内　容）
視知覚・視覚認識	見て分かる（探す，見つける，見比べる，手・身体を使う，推測する）
視覚と運動	見ながらできる（目と手の協応，道具の扱い）
感覚補償・補強	自ら使える（視覚補助具・パソコンの活用）
運動技能	身体を動かせる（ボディイメージ，基本的な体の動かし方，バランス感覚，調整力，筋力，リズム感，スピード感，ボール運動）
視覚管理 日常生活技能	自分の見え方を知る（自己の障害理解，キャリアガイダンス） 自分でできる（安全な歩行，持ちものの管理）
コミュニケーションと社会性	ともに生きる（対人関係，社会性，援助依頼）
学習への適応	自ら学ぶ（教科の補充）

学習は子どもの主体性を重視し，課題を持って通級すること，やりたいことややるべきことを自分から申し出たり選択したりして学習できるようにする。

通常の指導は個別指導を原則とするが，月に1回，全員で「集団活動」を行う。内容は，ゲームや制作活動，表現活動，調理，自然体験等で，自立活動の

内容を総合的に小集団で指導する。子どもたちは,「集団活動」をとても楽しみにしていて,月に1度しか会わなくても互いの名前を覚え,仲間意識も育っている。

「集団活動」は同時に保護者の授業参観にもなっていて,わが子の課題を冷静に見るよい機会となっている。数年に1度行う「教室同窓会」には,卒業生,在級生と保護者も大勢集まり,キャリアガイダンスのよい機会となっている。

4．在籍校・在籍学級担任との連携

弱視児のための当教室では,まぶしさに配慮してカーテンやブラインド,手元照明を用意し,目を近づけ過ぎて姿勢が悪くならないように傾斜机を使って学習する。視知覚・視覚認識発達の学習をしたり,補助具の使い方を練習したり,教科で困難を感じる内容を工夫して学習したりして,在籍する学級や生活で活用する力を身に付けさせる。

しかし,弱視という障害は分かりにくい障害である。慣れた場所ではほとんど不自由なく行動し,「見える?」と聞かれると「見える」と答える。在籍学級担任や周りの子どもたちは戸惑ってしまう。また,弱視児本人が,よく見えた経験がなく比較できないため,特に低学年では自分が見えにくい状態にあることを知らないので,どんな配慮をすればよいか伝えられない。

そこで在籍校訪問をして,在籍学級担任に学習上の配慮や教室内外の環境への配慮を助言したり,お願いしたりする。また,学級の子どもたちに対し障害理解のための授業をする。互いの授業参観や三者で記入する通級連絡帳も,配慮事項の確認や指導計画・内容の修正に役立っている。

5．巡回指導（訪問による指導）

児童の実態によるが,主に低学年の児童では,在籍校・在籍学級担任の要望及び保護者の希望がある場合,通級指導教室の担任が定期的に在籍校を訪問して授業の付き添い指導や個別抜き出し指導(巡回指導)を行っている。特に,体育や生活科など実技や観察をともなう教科では,見えにくさを効果的に補う指導と配慮のため,通級による指導に巡回指導(授業内支援)を併用する。視覚補助具の使い方は通級教室で練習するが,実際に学習や生活で活用するまでに

は，本人の努力と意識，周りの理解が必要であるため，実際の活用場面で指導できるというメリットがある。校外学習などにも必要に応じて指導に入っている。通級担任にとって子どもの学習上の課題や，学級の様子を直接捉えることができる貴重な時間となっている。また，弱視児本人，担任，周りの子どもたち，ときには他の教職員にも，適宜支援したり疑問に答えたりアドバイスしたりしている。

6．実践例

(1) 幼児期からの早期教育を行っている小1の実践例

① 入級時の実態：眼疾（略），遠方視力両0.06以下，近方視力両0.1，最大視認力0.4／4 cm

② 指導目標・内容

  4歳（教育相談）：視経験の拡充，視覚認識の発達，道具の使い方，基本的な身体の動かし方，絵カード・ひらがなの読み，コミュニケーション等

  5歳（教育相談）：視経験の拡充，視覚認識の発達，補助具（単眼鏡・ルーペ・拡大読書器）の使い方，道具の使い方，基本的な身体の動かし方，運動，ひらがなの書き，コミュニケーション等，（その他：拡大図書使用）

  小1（週1回2時間通級＋週3回計6時間授業内支援＋月1回小集団指導）：視経験の拡充，視覚認識の発達，補助具（単眼鏡・ルーペ・遠近両用拡大読書器，遮光眼鏡）の使い方，観察，道具の使い方，基本的な身体の動かし方，運動，援助依頼，文字の読み書き，コミュニケーション等，（その他には，体育・生活科の授業内支援，拡大教科書―国，算，音，生活―使用，在籍校内及び教室環境整備）

③ 変容・課題：現在，遠方視力は0.08程度で羞明もあるが，早期教育の成果もあって視覚認識・補助具の使用が良好で，遠近両用拡大読書器を在籍学級に設置し，遮光眼鏡，拡大教科書を使用することで学習面ではほとんど自立できている。ただ，低学年ということもあり，体育や生活面では担任や友だちの配慮を得られたとしても，安全や見えにくさを補う配慮と支援が必要なため，通級及び体育・生活科の授業内支援を次年度も継続予定である。

(2) 視覚認知に課題のある児童の実践例

① **入級時（小1）の実態**：遠方視力両0.6，近方視力両0.5，最大視認力1.0／9 cm，フロスティグ視知覚発達検査で知覚指数（PQ）84

② **指導目標・内容**：（週1回4時間通級＋月1回小集団指導）視覚認識の発達，眼球運動，道具の使い方，基本的な身体の動かし方，運動，文字の読み書き，視写，模写，教科の補充，コミュニケーション等

③ **変容・課題**：指導約1年で，遠方・近方視力とも矯正で1.0に上がり，フロスティグ視知覚発達検査の結果はPQ96となり，2歳程度上がった。しかし，発達のアンバランスが見られ，指導を継続中である。

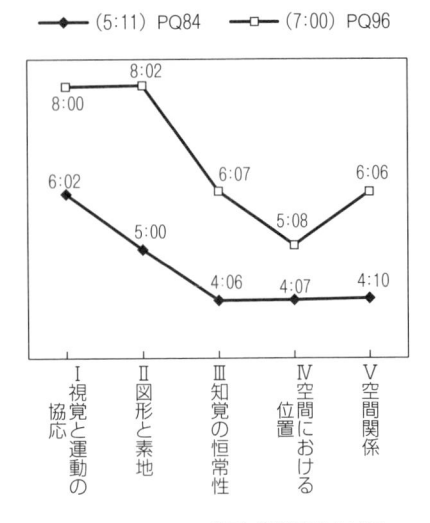

図1　フロスティグ視知覚発達検査結果

7．まとめ

子どもたちが持てる力を十分に発揮していきいきと学校生活を送れるよう，実態と教育的ニーズを的確に捉え，在籍校・在籍学級との連携をさらにすすめたい。それが，障害と弱視教育の理解につながるものと考える。また，医療機関等と連携して早期教育の大切さを実践で示す。拡大図書や拡大教科書は，弱視児だけでなく視覚認識に課題のある発達障害の子どもにも有効である。ボランティア団体との連携は欠かせない。専門性の向上に努め，情報収集，情報発信に努めたい。

（山本　登志子）

| 事例 3-2 | 通級指導教室の指導 ――難聴――
～小学校入学後に難聴が見つかった例(小学校2年女子)～
東京都三鷹市立南浦小学校 |

1. 通級指導が始まるまで

　難聴学級に入学する児童生徒で比較的多いのは，就学前から聴覚障害が発見されており，ろう学校幼稚部及び何らかの療育機関で早期支援を受けてきた子どもである。それらの児童生徒は入学前にすでに教育委員会と相談しており，入学と同時にまたは間もなく通級開始となる例が多い。

　しかし，軽度の聴覚障害の場合は，乳幼児健診では気付かれないことが多く，入学してから難聴が発見される例もある。このような場合，聞こえの課題だけではなく，言語や社会性の発達にも何らかの影響が現れることがある。

　本児は就学前及び小学校入学直後の健康診断では，聴覚障害が発見されなかった。しかし，1年時から口数が少なく，国語の読み書きに課題はないが，算数の繰り上がり繰り下がりにつまずいていた。1年時秋の特別支援教育校内委員会で，本児の算数のつまずきについて，傾向をていねいに観察する必要があると検討していたところ，2年生春に軽度難聴が発見され，校内に併設していた通級指導教室での相談を開始した例である。

2. 入級時の実態把握

(1) 聴覚障害の把握

　本児の純音聴力検査のオージオグラムは右図のとおりで，軽度の感音性の聴覚障害である。静かな場所での会話では支障のない程度であるが，教室で席が後方になる場合や，数人での内緒話及び騒音下の会話などの場

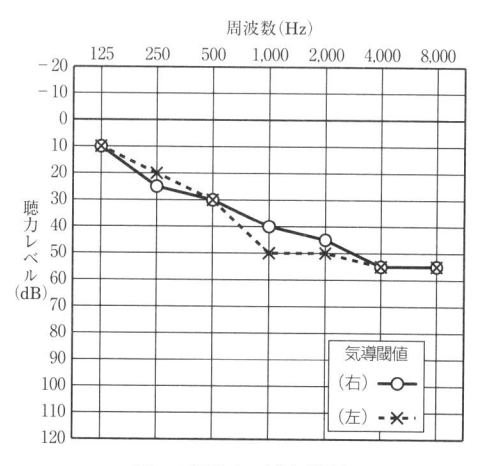

図　本児のオージオグラム

面では，音の聞き誤りだけでなく，話の内容が聞き取れない可能性がある。

大学病院で脳波聴力検査を行った結果，純音聴力検査と同様の結果であった。

本児は入学直後の健康診断時，スクリーニングによる聴力検査では通過していた。これは3～4人の児童が一緒に行うので，実際に聞こえて反応できたのか，本当は聞こえなくても周囲の状況を見て反応していたのか，定かではない。

(2) 言語・コミュニケーション手段及び能力

乳幼児期から療育を受けてきた聴覚障害児の中には，手話や指文字などを使用する者がいるが，本児のコミュニケーション手段は音声言語のみであった。

本児は聞き取れない語があってもニコニコしており，相手に聞き返したり，「分からない」と反応したりすることはなかった。

発音面では，「さしすせそ」，「つ」などが「しゃししゅしぇしょ」や「ちゃちちゅちぇちょ」，「ちゅ」に置き換わったり，歪んだりしていた。

絵をポインティングして答える「絵画語彙検査」では，年齢レベルより1歳3か月の遅れであった。しかし，読書力検査では年齢レベルの得点だった。

授業中は教師に尋ねられると小さな声でうなずくほか，単語程度の発話が見られるだけで，ほとんど話さなかった。給食中などは友だちの話をニコニコ聞いているが，自分から友だちに話しかけることはなかった。休み時間，親しい女の子同士ではテレビタレントの話題などを楽しそうに話していることがあった。

(3) 背景情報の把握

① 生育歴：本児の言語発達，身体発達ともに，特に遅いと思われることはなく，保護者は聴覚障害には気付いていなかった。手のかからないおとなしい赤ちゃんであり，人見知りはほとんどなく，後追いなどはなかった。自己主張が弱く，感情的になることのない子だった。幼稚園ではゆっくりとていねいに作業をする子で，おとなしく，しゃべらないで過ごしていた。家でも，両親や兄弟ともあまりしゃべらない子だった。

② 教育歴：3年保育の幼稚園に入学後，小学校へ入学。

③ 家庭環境：両親共働き。4人兄弟の2番目。

(4) 総合判断
① 聴覚障害への対応

　教室で前方の席に座っていれば教師の声が聞き取れる状況ではあるが，今後，様々な場面で聞き取りにくいことがあった場合には，自分で判断して補聴器等の機器を使えるように，トレーニングをしておく必要がある。

　また，聴力低下の発見が早い場合には大学病院等で治療できることがあるため，聴力の変動に注意する必要がある。

② 言語・コミュニケーションへの対応

　保護者によれば，乳児期の言語発達は遅れていなかったとのことだが，小学校段階で語彙が乏しい状態であることは，幼少期より聴覚の障害によって，正確に言葉を把握できなかったことの影響ではないかと考えられた。また，友人同士の会話に参加できない様子は，自分の聞き取りや言語表現への不安と，本児自身の人への関心の薄さなどの要因があるのではないかと考えた。

③ 算数のつまずきへの対応

　WISC‐Ⅲ検査の結果，言語性，動作性ともに年齢相当の結果であったが，個人内差があった。言語性では理解の評価点が高いが，語彙や記憶の力と結びつく知識や単語が低かった。また，算数も低く，実際の学習場面でも算数が苦手で自信を失っていた。例えば，「半分」や「～ずつ」の意味が分からないために，問われていることが理解できないことがあった。このことから算数で使う語彙の獲得とともに，数概念を育てる指導が必要と考えられた。

3．個別指導計画の立案と指導の実際

　通級指導教室と通常の学級担任，保護者が連携して以下の主なポイントについて個別の教育支援計画，個別指導計画を立案し，指導に当たった。

(1) 通級指導教室

① 聴覚活用

- 2か月に1回は通級指導教室で聴力検査を行った。補聴器装用の練習を大学病院及びろう学校等の専門家の指導を受けながら開始した。補聴器店と連携し，補聴器のための耳型を作ったり，様々な機種の補聴器を借り受け

たりした。
- 補聴器をつけたときとつけていないときの聞こえ方の差異を本人が確かめ，補聴器が必要な場面と，補聴器がなくても支障がない場面を理解し，装用練習を行った。

② 言語・コミュニケーション
- 聞こえないときに「もう一度言ってください」「口を見せてください」など，相手に話しかける練習を行った。
- 語彙を拡充するために，就学前の絵本や身近な生活に出てくる語の意味を改めて確認し，カードに書いて本児用の辞書作りをした。「夕立」「夕暮れ」など，現象は分かっていても名称を音声言語で確認しきれていなかった語について，表記を用いながら確認できるようにした。
- 担当者と1対1で自由に遊んだり会話したりする時間を取り，人と話すことの楽しさを経験させた。また，年齢の近い児童とのグループ活動も取り入れ，人への話しかけ方，受け答えの仕方を練習した。

③ 算数の補充指導
- タイルを使って基礎的な加減法を徹底的に練習した後，ドット，コインなどを用いて計算を行った。タイルで5, 10のまとまりの扱いを会得した。
- 文章題を絵に描いて意味を捉え，立式できるようにした。「半分」「〜ずつ」などの語を絵で確かめながら理解した。

(2) 通常の学級

通常の学級でも学習場面では補聴器をつけた方が聞き取れることが分かったため，継続して補聴器をつける練習を行った。友だちへの説明の仕方は通級指導教室で通常学級の担任が同席して話し合い，実際に自分でみんなに説明できるよう励まし，見守った。

また，算数の問題や，通常の学級で行う学校行事の練習の一部を通級指導教室で行い，自信をつけて，通常の学級で発表できるようにした。

4．将来を見通した支援・指導

本児の保護者は，日常会話場面では聞こえている人と一見同じように振る舞

えても，本児が自分の聴覚障害について理解し，受け入れることが，将来の生活のために必要であると考えた。本児自身は，人との会話の大切な場面では補聴器を使ったり，聞き返しなどを行ったりというスキルを学ぶことができた。今後も聞こえを補う場面では，自分の意思で必要な手だてを決定していくと思われる。

(田中　容子)

事例 3-3	通級指導教室の指導　──言語障害── 〜構音障害と読み書き障害をあわせ持つ例〜

東京都三鷹市立南浦小学校

1．通級指導が始まるまで

　言語障害学級は，発音の誤り（構音障害），吃音（音や言葉の繰り返しなど，出にくさ），言語発達の遅れ等の課題のある児童・生徒のためにつくられた学級である。しかし，言語障害学級が発足したころに比べて，近年は，特別支援教育の流れもあり，単純な構音障害や吃音ではなく，背景に発達障害の傾向のある子が増えている。例えば対人関係や落ち着きのなさというような広汎性発達障害やADHDの症状，話し言葉は流暢なのに読み書きを中心とした学習に課題のあるLD症状のある児童生徒の相談が急増している。

　本事例は，小学校低学年時における保護者からの主訴は構音障害であったが，背景に様々な発達関連の課題をあわせ持った例である。1年生末に構音の課題が解決し，いったん退級したが，読み書きや学級適応の課題があり，4年で再入級し，指導を再開した。

2．1年生相談時の実態把握と指導

(1) 構音障害

　小学校1年生のときに「発音の誤りがある」という主訴でことばの教室へ来る。「さしすせそ」→「ちゃちちゅちぇちょ」，「らりるれろ」→「だでぃどぅでど」，「つ」→「ちゅ」，「き，け」→「ち，ちぇ」等の誤りがあった。

(2) 言語・コミュニケーション，学力

　絵をポインティングして答える「絵画語彙検査」は年齢レベル，幼児・児童用読書力検査の結果も年齢レベルであった。WISC-Ⅲ検査はp.162の図のとおりである。

　小学校1年時は平仮名の読み書き，算数の計算など，遅いが着実に最後まで取り組んでいた。積極的に発言をするタイプではないが，授業中に順番が回ってきたときには答えることができ，給食や掃除の当番活動では，自分の役割を

果たすことができていた。最も苦手なのは図工であり，粘土などの製作は稚拙で，絵もうまく形がとれず，特に人物の手足がうまく描けなかった。

(3) 背景となる情報の把握

① 生育歴：始語は1歳5か月とやや遅めだが，二語文は2歳1か月で年齢水準だった。3歳ころ，言葉がはっきりしないときがあった。4～6歳に滲出性中耳炎を繰り返したという。歩くこと，走ることなどはやや遅めだった。人見知りはあり，視線は合う赤ちゃんだったが，自己主張や反抗する様子はなかった。

② 教育歴：幼稚園に年中から入園したが，通園バスに乗るとき，いつも泣いていた。友だちとうまくやりとりができず，グループ遊びが苦手だった。

③ 家庭環境：両親と妹。両親ともにスポーツ好きで活発なタイプ。

(4) 1年時総合判断

生育歴では言語発達，身体発達ともにやや遅めだが，1年現在の言語理解のレベルはほぼ年齢水準である。しかし，表出面では自信のなさや不安が大きい。滲出性中耳炎を繰り返していたのも，発音の獲得に影響を与えたかもしれない。

多動ではないが，注意を集中させることの苦手さ，短期記憶及びワーキングメモリ，音韻操作（たまご→ごまた等，特定の日本語の音韻を抽出したり分解したり入れ替えたりする操作），書いたり作業を行う際の処理速度の課題があり，これらが読み書きのスキルの獲得に影響を及ぼしていると考えられた。

また，描画の苦手さは視知覚認知の課題と関連していると考えられた。

しかし，通常の学級の中では，学習面で大きな課題が現れていないため，まずはコミュニケーションの中で目立つ発音の問題を解決すること，人と自信を持って話ができるようにしていくことを目標にする。

(5) 1年時の通級指導

① 構音障害への対応

ア 口唇，舌の動きが不器用なので，全身運動と微細運動（手指，口唇，舌）を繰り返した。個別指導では全身を使ったサーキット，手，指，口唇，舌を使ったサーキット等，ゲームや遊びの感覚で楽しめるように練習した。

イ 「さしすせそ」「つ」の子音部を聴覚的に捉えることができるよう，当該の音が単語の語頭・語中・語尾のどの部分にあるかを当てるゲーム等を行った。

ウ 当該の音が出せるよう，全身運動を行いながら呼気の出し方，舌の使い方等を意識しながら発音練習を行った。単音→その音が入った無意味音節（語頭，語中，語尾）→文（リズムの中で）→文章，会話の順で練習した。

② **構音障害の改善**

1年生末には単音で正しい音が発音できるようになり，2年1学期末には会話でも，意識してゆっくり話をすれば，正しい構音で話せるようになった。

視知覚認知の課題や，言語表出面の自信のなさからは，さらに今後の読み書きを中心とした学習の困難さが予測された。しかし，通常の学級で大きな問題が現れていないことと，保護者の強い希望から退級となった。通級指導教室からは，今後の心配を保護者と在籍学級担任に伝え，保護者との定期的な面談を通じて本児の様子を確認することにした。

3．4年時での相談再開

2～3年生の間は経過観察の面談を行っていた。通常の学級では特に大きな課題はないということだったが，4年生になってから「最近，登校しぶりがある。1年退級時に言われていた学習や人との関わりの課題が背景にあるかもし

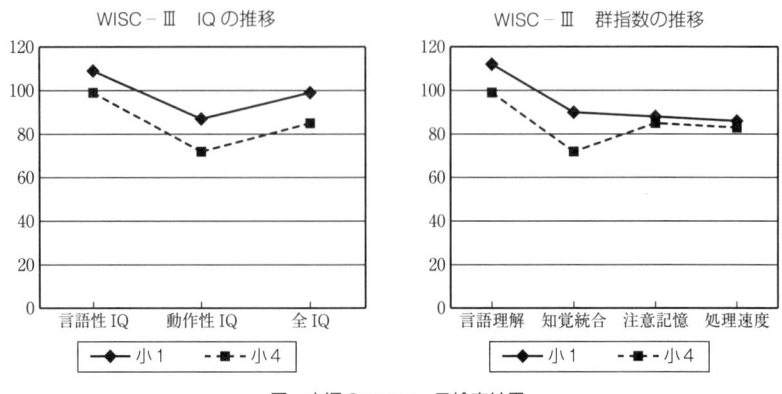

図　本児のWISC-Ⅲ検査結果

れないから相談したい」という主訴で，ことばの教室へ再来室した。
(1) 読み書きの課題の顕在化

　1年時はゆっくりではあるが学年水準の学習課題についていけたが，3年生を過ぎてから授業時間内に課題を仕上げられないことが多くなったようだ。読書力検査では，かなの読み，短文の理解は年齢レベルだったが，読速度，漢字の読み，あらすじや中心話題の理解，語彙力が1～2学年遅れていた。各教科の学習内容は，教科書を解説してもらえば，だいたい理解できていた。

(2) 言語・コミュニケーションの傾向

　発音は改善されており，学級では静かでおとなしいタイプの友人とはゲームなどをしながら交流することができる。しかし，込み入った内容の説明やおおぜいの前での話は苦手であり，WISC－Ⅲ検査では視知覚認知の課題も顕著だった。

4．総合評価と個別指導計画の立案

　通級指導教室と通常の学級担任，保護者が本児の特性を理解し，読み書き及び言語・コミュニケーションの課題を取り上げていく。人よりペースが遅くても課題に取り組む意欲を認め，自尊心を失わせないようにすることを第一とした。

(1) 通級指導教室

① 学習の補助：通級指導教室で教科書をあらかじめ音読して内容を把握し，在籍する通常学級の授業に臨めるようにした。

② 表記：特殊音節（促音，撥音，長音等）のかな表記のルールを再学習する。

③ 自己認知：作業を時間内に行うのが苦手であるという特性を理解し，通常の学級でできることとできないことを言語化する練習を行う。自分自身の理想と現実のギャップに折り合いをつけ，助けてほしいことや理解してもらいたいことを，教師や周囲の友人に説明するための練習でもあった。

(2) 通常の学級

　周囲の友だちには，表記に時間がかかることについて，本児は自分のペースで仕上げる努力をしていること，作文や提出物の一部はパソコン入力を行うこ

とを説明した。
(3) 家庭
　保護者には，本児が努力すればできることは励まし，本児が努力しても難しいことは別の方法を使ったり，課題を行うこと自体を検討したりする援助者になれるよう，面談を継続した。本児が興味を持てることを探すために，父親との外出を増やした。

5．将来を見通した支援・指導
　本児は理解の力はあっても，言語表出，作業等に課題があるため，特性に合った進学，就労を考える必要がある。そこで，保護者，在籍の通常の学級と話し合い，小学校高学年から中学校における通級指導教室の利用や，単位制の高校等について情報を持ち，検討していくことにした。　　　　　（田中　容子）

事例 3-4　通級指導教室の指導　──自閉症──

東京都港区立東町小学校

1．多目的に教室を構造化する

　通級学級においては，同一教室を多目的に利用するため，教室の使い方は，通級曜日によって変えている。自閉症の子どもたちが活動しやすいように，学級内の構造化を行い，配慮を行っている。

　教室という施設の使い方や一日の時間配分など決まった手順や見通しを構造化することで，パニックや挑戦行動の軽減につながることは知られている。つまり自閉症だからパニックや挑戦行動があるのではなく，その原因はむしろ周囲の環境にある場合が多い。彼らを取りまく環境が不十分なために引き起こされるのである（2002，佐々木）。

　例えば，学習室1という教室を，ある曜日には小集団指導のために使用し，別の曜日には個別指導室として使用するが，そのままでは個別指導室としては刺激が多すぎる。目的が変われば環境も変えて使用するように工夫している。

　個別指導室では，プリントワークをする机と作業をする机を換え（図1参照），子どもの学習内容により座る場所を移る方式にするだけで，活動の内容が替わるので混乱は起きにくい。また，プリントを目の前の黒板に掲示し，一目でその内容が見て取れるようにした。その結果，自己選択・自己決定という学習場面の意味づけをしなおすことができた。

　次に図1と同じ場所を多目的に使用した例を記述する。軽度の自閉性の子どもたちには，活動場所を変えるだけの工夫で十分であるが，子どもによっては，パーティションや床のビニルテープの線引きなど視覚的

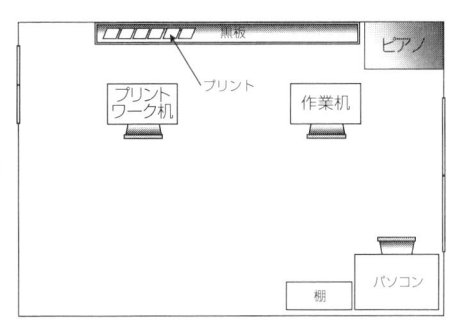

図1　個別指導のときの教室

に分かりやすい構造化が必要な場合もある。特別なニーズのある子どもたちのための環境の構造化は，通常の学級においても，子どもたちにとっては活動の手順が分かりやすくなり，学習を進める上で必要なことである。つまり通級指導学級の指導方法を通常の学級でも生かすことができるのである。

実践例1　カフェを開こう

　通級児童を2グループに分け，普段の小集団指導とは異なるグルーピングを行い，年間6回から8回の活動日を設けて実施しているグループ学習の一例である。この活動では，子どもたちの好きな調理学習を発展させ，カフェを開いて家族を招待する目的を持つことで，活動への意欲を学習発表に結びつけたいと考えた。活動のねらいは，手指の巧緻性のスキルを習得すると同時に，友だちとのやり取りや共働の学習を通してコミュニケーションスキルの向上を図ることにある。この学習では，毎回，個々の子どもたちの実態に応じたねらいを設定し，3名の指導者が数名の介助員とともに，それぞれの子どもに個別に支援できるように設定している。以下の表1，表2に「カフェで使うものを作ろう」の学習活動例の一部を記述する。

表1　「立て看板を作ろう」の学習活動（A児の活動例）

ねらい	活動	配慮事項	評価
・必要な材料を集めるために，言葉でやり取りをする。	・知っている様々な立て看板を絵や言葉で表す。 ・作りたい立て看板を決める。 ・材料を探し，その材料で作るが，足りない場合には○○先生に材料の追加をお願いする。	・事前に材料が足りない場合には指導者に相談するように伝えておく。	・パニックに陥らずに解決できた。

表2　「カフェで使うものを作ろう」の学習活動（B児の活動例）

ねらい	活動	配慮事項	評価
・お客さんが見て分かるメニュー表を作る。	・先生が集めた様々なメニュー表を参考にして，自分の作りたいメニュー表を決める。 ・見て分かるメニュー表を作る。	・本児の状況を観察しながら，メニューを見る相手が存在することを言葉で知らせる。	・お母さんの好きなオレンジゼリーをいちばん上に書き込んだ。

図2はC児が作成したチラシである。指導者の言葉によるヒントを手がかりに自分で考案した。この他に，D児は廃材を利用してランチョンマットをていねいに作り，E児は厚紙をはさみで丸く切り取り，お金にする活動を行った。D児，E児ともに本活動では手指の巧緻性の向上をねらいとした。同じ活動であっても，個々の児童の状況に応じてそれぞれのねらいを明確にし，効果的な支援をすることが，指導時間に制限のある通級指導教室では特に必要なことである。

図2　「カフェを開こう」のチラシ

実践例2　ミニ展覧会を開こう

本学級の自閉症通級グループでは，「ミニ展覧会を開こう」を設定し，毎年，学習の成果を発表している。在籍学級の担任や保護者を招待して，一年間かけて作成した作品を紹介する機会は，子どもたちにとって貴重な体験となる。作品の内容は，同じ通級曜日の子どもたちの構成メンバーにより，年度によって多少の変更をしている。今年度は，デジカメを一人に1台ずつ用意し，写したいものを撮り，それを言葉で表現する学習を設定した。

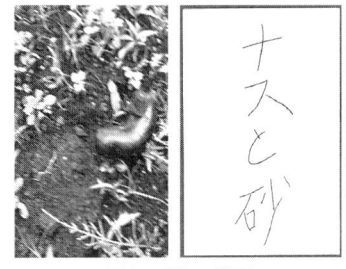

図3　当初の描写

5月当初には畑で育てているナスを写して，その様子を「ナスと砂」(図3)と描写していたF児が，7月にはビオトープの1本の木の幹から伸びている小さな葉っぱを見つけ

図4　学習継続後の描写

て，「あれれれれ　赤ちゃん葉っぱがこっそりのぞいとる」(図4)と描写するようにまでなった。この学習においては，イメージすることの苦手だった子どもたちに目覚しい成長が見られた。後に，写真と文章をはがき大に印刷した作

2．通級指導教室の新たな試み

品をプレイルームの天井から吊して飾り付け，ミニ展覧会を開いた（図5）。また，G児は，デジカメで自分の体の一部や全身を撮影し，それを切り取って用紙に貼り付け，物語にして「世界にたった一冊の自分の本」にした。自分の体に興味のあるH児は，食べものが口から入り消化されるまでの経過を場面ごとに絵にし，一つの物語にまと

図5　ミニ展覧会

めた。これらの学習においては，知的好奇心の広がりと深まりが見られた。学習が「導入―展開―結果」と子どもたちに見通しのあるものとしてイメージできるようにまでなった。ミニ展覧会では，個々の子どもたちが個別のねらいに基づいて活動した様子に，担任や保護者からは「子どもの新しい個性を発見し，理解を深める機会となった」と感想が寄せられている。さらに子どもたちにとっては，在籍学級の担任が展覧会に来たという事実が次の学習への意欲に結びつく機会となっている。

実践例3　迷路を作って友だちとゲームしよう

ゲーム活動は，どの学級においても設定されている子どもたちの大好きな活動である。「一番になりたい」「一番でないといやだ」という自閉症の子どもたちにとっては，ゲームの勝敗においては，いつも一番になることができる訳ではなく，一番になりたいが一番にはなれないこともあるという葛藤場面を経験する。また，ルールを理解す

図6　A児の作った迷路

ることは，集団参加を行う上では必要なことである。

そこで，本学級においては，葛藤場面を乗り越えるための一つの方法としてゲーム活動を取り入れている。「わくわくジェンガ」「どきどきスリーヒント」「トランプ」「すごろく」など，どの学級においても設定しているゲーム活動以

外の「迷路を作って友だちとゲームをしよう」を紹介する。子どもが作った同じ迷路図をそれぞれが用いて，ゴールまでのタイムを競うものである。図6はA児の作成した迷路図である。この迷路図は，高機能自閉症のA児が1回の通級時間（45分）を費やして作成したものである。迷路の中の「★印」ではワープできるなどの様々な工夫が凝らしてあり，ルールまで書きこんである。同じ自閉症でもB児やC児は大雑把な書き方で，A児のそれと比較して緻密さに欠けるが，クリアしやすい迷路図を作る。子どもたちはその日の気分でゲームに用いる迷路図を選び分けている。当然一番になれないこともあるが，自分の作った迷路図がゲームに選ばれたことや攻略の方策が立てやすいことなどの面で，自尊感情が満たされ，一番になれないからといってパニックに陥るようなことはない。この活動には指導者も参加し，子どもたちとタイムを競い合い，ときには子ども役を演じて「駄々をこねたり」「ズルをしたり」して，子どもたちと一緒に考える場面を設定している。また，負けたときの気持ちの処理の仕方においても，事前のルールで明確にしたり，負けたときの感情のコントロールの仕方をモデルを示して理解させるように工夫したりして，ゲーム活動を進めている。

（高階　惠子）

事例 3-5 通級指導教室の指導 ——情緒障害・小学校——

埼玉県春日部市立牛島小学校

1. はじめに

発達障害・情緒障害通級指導教室の指導の実践について，ここでは，「選択性かん黙」の指導事例を報告する。この報告を通して，通級指導教室での通級による指導の基本方針，効果と課題などを考えたいと思う。

2. 通級指導教室の経営で大切に考えていること

① 通常の学級，家庭，通級指導教室それぞれの役割を明確にする。通級の特性は以下のように考えている。
  - 毎日学習しないので，積み重ねの教育とは違う手法になる。
  - 1回の指導時間が短いので，目標を明確にして指導する。
② 通級指導で行うことは生活圏で不便なく生活ができることを最優先する。
③ 通級指導の必要性と有効性を考えて，入級の判断をする。
④ 通級指導教室が設置されている学校での校内通級と，通級指導教室が設置されていない学校からの校外通級とについて，それぞれ配慮をする。

3.「選択性かん黙」について

DSM-Ⅳによる選択性かん黙の定義（抜粋）
- 話すことが期待されている学校などで，一貫して話すことができない。
- このことが学業や職業の成績，対人コミュニケーションを妨害している。
- この障害の持続期間は少なくとも1か月。
- 話すことができないのは，言葉の楽しさや知識がないことが原因ではない。
- この障害は他の障害では説明されないし，障害の経過中にのみ起こらない。

4. 選択性かん黙の「動作の獲得」の経過（華子さんの例）

(1) 通級までの様子

① 入学前
  - 幼稚園でも話さず，動かず。

- 親戚や近所の人の中でも話す人と話さない人がいる。
- 家の中ではずっと普通に話している。

② 入学後（通級前）
- 意思表示は，トイレに行きたいときと，身体測定で測定していないことに気付く人がいなかったときに泣いたこと。
- 給食，登下校は母親が付き添っていた。
- 座学ではじっと座っている。実技教科では動かず何もしない。
- 同じ幼稚園の二人くらいの子とは笑ったりしていた。

③ 通級開始

　２年生から以下の目的で通級を開始した（１年生秋の市就学支援委員会判断）。
- 本人の不便が軽減するように指導する。
- 意思表示の幅広い手段を知り，使いやすい手段を獲得する。

(2) 指導の計画（２，３，４年生）

① 担任の願い
- （２年生）自分から行動してほしい。
- （３年生）少し早く行動できるとよい。
- （２年生，３年生）意思表示をしてほしい。

② 保護者の願い
- （２年生）自信をつけてほしい。友だちができるとよい。
- （３年生）教室移動やトイレなど不便なく行動できるとよい。

③ 観察，検査
- 検査資料がないので，WISC の問題を指導中の課題として少しずつ入れ，発達課題を見つける。
- 通級教室で自主的な行動はなし。動作もゆっくり。表情が硬い。

④ 計画
- 目標……生活に困らない意思表示ができ，必要な動作ができる。
- 指導方針……音声言語は要求せず。様々な意思表示方法（指差し，うなず

き，カードの選択，筆談など）を提示し，指導者も使い，会話をしているようなやり取りをする。

(3) **指導の実際**

2年生

- 1年間の短期目標……口（呼気）を使う。楽器（表現）の音が出せる。
- 小さな動きの動作を行う課題から，順次ステップを組んで取り組んだ。初めはホイッスルが吹けなかったし，動きも非常に硬かったが，次第に様々な動きを獲得した。
- もともと短縄跳びが好きであったが，さらに自主練習を積むようになった。2年生で「はやぶさ」ができるようになり，自信がついた。
- 発達課題を見つける目的で，WISCの問題を音声言語なしで回答できるように工夫した課題や，「なぞなぞ」「ジェスチャー」に取り組んだ結果，言葉は表現・理解ともに年齢の平均より少し下に位置する力を持っているらしく，見る力も年齢の平均よりも下に位置すると考えられた。

3年生

- 1年間の短期目標……選択できること。筆記に慣れること。
- 「言語表現」に近い，リコーダー演奏が得意になった。

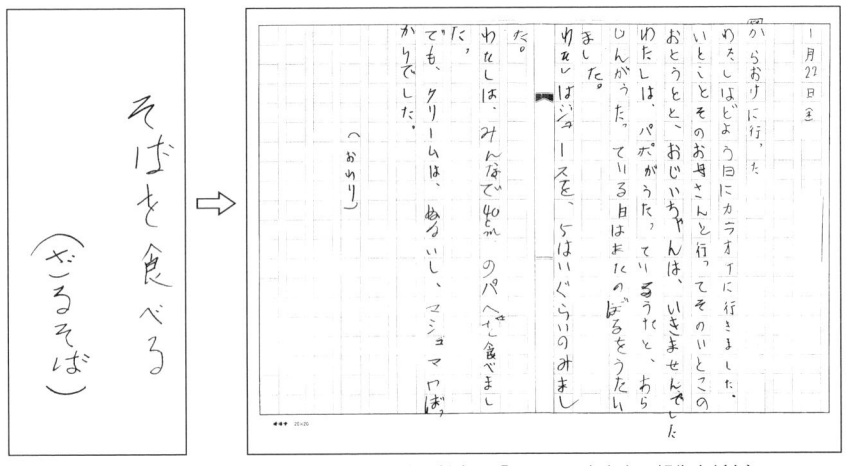

図　3年時の「ジェスチャー課題の回答」(左)と「1週間の出来事の報告文」(右)

- 通級の課題を毎回選択することにした。その積み重ねから，後には選択がスムーズになった。
- ジェスチャー課題の回答を書くことから始め，「1週間の出来事の報告文」を書けるようになった(前ページの図1参照)。

(4) 指導の終了

生活圏での変容を確認

　以下のように変容したので，週1回午前の通級を3年の3学期から学期1回に切り替えた。また，4年2学期からは，1学期1回の放課後通級に変更する予定である。

- 通級開始後の2年生3年生の運動会では，他の児童と同じ行動ができた。
- 体育，図工などの実技教科は全体指示通りの行動ができる。
- 意思表示はうなずき，選択，指差し，筆談で行っている。友だちとは，学校でも話している。家に友だちからかかってきた電話では，話していることが母親に聞こえない場所に受話器を移動して，普通に話している。

5．通級指導教室での指導

① 家庭，通常の学級，通級指導教室など，児童生徒に関わる人たちの共通の理解が何よりも必要である。こうなれば，対応の役割分担ができる。今回の場合は，目標に「話をさせる」を入れず，「本人のできる方法での意思表示」ということで徹底したことが有効であったと考える。

② いちばん大切なことは，生活圏における現在の不便の軽減と将来の安心できる生活の獲得である。そのために，今回は，不自由なく楽しく過ごせることを目標に，人とのやり取りの方法について学習した。

③ 通級指導が必要であるかどうかは，「特別な教育の場が必要か」「生活圏での配慮の方がよいか」の判断による。今回は，「やり取り手段の獲得」と「言葉の力がどのくらい活用できるか」の判断の場として必要であった。

④ 様子の変容によって，在籍校(級)と通級で過ごす時間のバランスも変更する。今回は校外通級なので，特に在籍校への学習参加を大切にして変更した。

(内田　晴美)

2．通級指導教室の新たな試み

| 事 例 3－6 | 通級指導教室の指導 ——情緒障害・中学校—— |

千葉県船橋市立船橋中学校

1．衝動性のある中2女子生徒への実践

〈プロフィール〉 自校生徒。ADHDの診断を受けている。小学校期にはパニックからものを投げたり，泣きながら机を倒したりすることがあった。入学時より休み時間や放課後を使って，他者とのコミュニケーションがとれるよう支援している。

　体育の授業中，号泣しながら保健室へ。高跳びの単元で，いざ助走に入ったが立ち止まってしゃがみ込み，次の順番の生徒に「早くしてくれ！」と言われた。「棒（バー）がこわい」というのが本人の言い分だった。「こわいからもう体育の授業には出ない！」と言い張るので，場所を替え，落ち着かせて紙に書き込みをしながら整理をしてみた。本人が「こわい」と言っていたのは，実は「痛い」ということであり，どうなると痛いのか，また，どうすれば痛い思いをせずにすむのかも確認した。図1のように整理し，やるべきことが「脚を高く上げる」「ジャンプする」と自ら言葉として出すことができ，落ち着きを取り戻した。

　次の体育の時間からは，ほぼ毎回目標の高さが5cmずつ上がり，他の生徒からも賞賛され，体育の時間に積極的に参加するようになった。

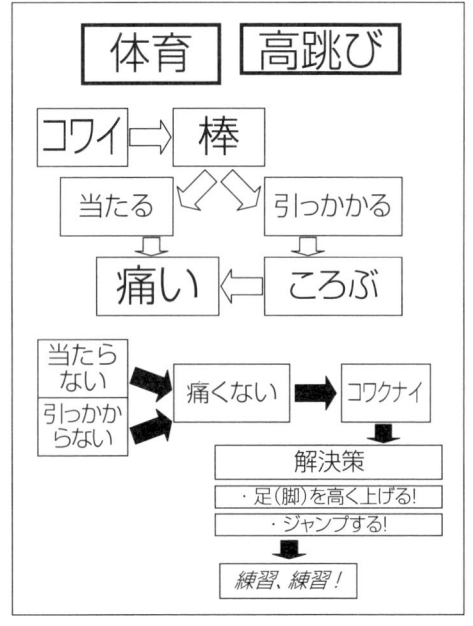

図1　問題解決の整理メモ

言葉だけでなく、文字や図で整理することの重要さを痛感した。

2. ものごとに意欲的に取り組むことができない中2男子生徒への実践

〈プロフィール〉他校生徒。アスペルガーと診断を受け、今年度4月より通級開始。在籍校では他者とのコミュニケーションが取れず、トラブルになるというのが担任からの主訴。保護者からも同様の主訴あり。

通級指導教室入級を受け、担当が在籍校訪問を行う。参観した授業は、年度初めの学年レクリエーション。学級対抗でのドッジボール大会だった。本人は当初、集団の後部に位置し、ボールが当たらないように逃げ回っていたが、相手チームからのボールを受ける場面となりキャッチすることができた。学級の仲間からの歓声を受けながら相手チームへ投げ返すときの表情は素晴らしい笑顔だった。その後は、集団の前部に位置し、積極的に参加するように変化していった。

この場面を見て、本当はいろいろなことに取り組む意欲はあるが、成功経験が乏しかったり、他者との信頼関係が築けず、トラブルになっているのだろうと想定した。

正規の日課開始後、通級指導教室へ通級を開始する。

・好きな教科は、＿＿＿＿なし＿＿＿＿です。

・好きな遊びは、＿＿ゲーム(それ以外なし)＿＿です。

私は部活を4ヶ月でやめました。

私は勉強キライ(中略)(個人的？(きらいかも)点数も低いデス。

私はつかれヤスイです

私はゲームの方がイ也より好きデす(的ドアマ)

私は常に一人(13年)

図2　初回のワークシートより

2．通級指導教室の新たな試み

　初回は図2のように自己紹介ワークシートへの記入を行った。本人が記したように，消極的であったり否定的であったりする記入が多く見られた。記入した文字を見ると，曲線部分がスムーズに書けていなかったり，漢字の左右が逆になっていたりと，学習障害的な部分も感じられた。また，会話も途切れがちで「一話題一会話」になってしまうことに終始した。

　以後，毎回ワークシートを用いて本人が何をどのように感じているのかを文字に表してもらい，それを基に会話をするような展開を続けた。

　2回目の支援では，図3のような，将来をどのように考えているかを問うワークシートを行った。初め「ない」と記入したが，担当が再度「夢は？」と問いかけると，自分で消して書き直した。筆圧が弱くなったものの前回より曲線部分が書けるようになっていた。内容についても否定的なものでなく，要求をはっきりとできる内容になった。人には関わりたいが，今までの他者とのトラブルなどを警戒しているように感じ取れた。記入はしなかったが，会話の中で「いろいろなところ（海外も含めて）へ行ってみたい」という気持ちを言葉で表した。

　3回目の支援では，前回の「いろいろなところへ行ってみたい」ということを具体化してもらうために，旅行社でもらった無料配布のパンフレットを基に，

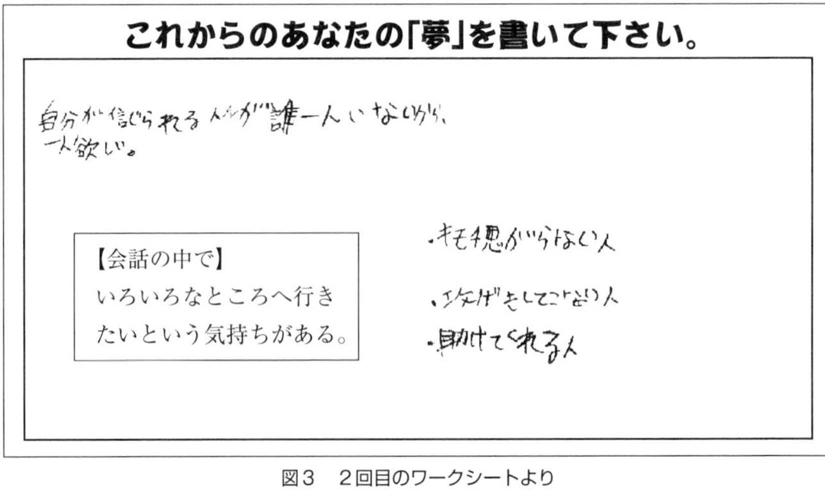

これからのあなたの「夢」を書いて下さい。

自分が信じられる人が誰一人いないから，一人欲しい。

【会話の中で】
いろいろなところへ行きたいという気持ちがある。

・キモ悪がらない人
・バカをしてこない人
・助けてくれる人

図3　2回目のワークシートより

5章　特別支援学級・通級指導教室の特色ある実践

行き先選びを行った。何の迷いもなく図4の"モンサンミッシェル（フランス）"を選び，以前よりこの場所に興味を持っていたことを話してくれた。また，会話の流れから「世界一狭い国を知っていますか？」など，本人が積極的に言葉を表出してくれるようになった。

図4　本人がパンフレットから選んだ「行ってみたいところ」

4回目の支援では，学習面についての得手不得手についてワークシートに記入した。

5回目には友だちと呼べる条件を記してもらい，6回目には図5のように条件についての理由を記入してもらった。本人なりの言葉を用いて理由を書いていたが，筆圧が強くなり記入したものについての会話でも，内容が広がりをもってきた。

本人が書いたものに対して支援者が確実に対応し，話し合いを繰り返すことで少しずつ関係ができることを痛感している。

図5　6回目のワークシートより

（齋藤　浩司）

事例 3-7	一人一人の特性に応じた通級指導教室の指導　――LD――
	東京都新宿区立天神小学校

1．実態把握をする

　本人の学習上のつまずきや困難さ，苦手さは何に起因するのか，どこがどう引っかかっているのかを把握する。偏りを抱えているので，心理検査の結果やそれを基にしての行動や学習の観察により，本人の特性を理解し，仮説を立て，個別指導計画を考え，本人に合う方法を探していくことが通級の役割である。

　苦手な部分や落ちのある部分は一人ずつ違うので，実態を把握し，その子に合わせた対応を考える。二次的な問題が出てきたために通級という現実もある。二次的な問題に対応しつつ，LDそのものの，その子に合わせた学習の解決方法を見つける必要がある。

　得意な分野を持っているのであれば，上手にそれを活用しながら苦手な部分を補ったり，難しいときには手助けを求めてよいことを教えたりしていく。やりやすさ・取り組みやすさを見つけていくのである。

2．二次的な問題も考慮する

　LDの状態をそのまま放置しておくと，本人はうまくいかないことへの原因も分からず，できないことが重なっていくため，苦手な課題には手も出さない状態に陥りがちになる。不登校や学習への全般的な拒否など，二次的な状態が広がらないように対応していくことが大事になる。できないことが蓄積しないよう，早い段階で手を打てると効果的な援助になる。

3．その子なりの方法を見つけていく

　不得意な面について，その子なりの方法（記憶が苦手で忘れっぽい子には，メモをとる習慣をつけるなど）を見つけることが解決に結びつく場合もあるし，計算がだめなら計算機を使う，字の形が取りにくければワープロで打つなど，替わりになるものを見つける方がよい場合もある。

　本人が自分の得意，不得意を自覚でき，通級でアドバイスや励ましを受けな

がら自分で工夫していくことが望ましい。

　できないことがあっても、能力的には遅れがないためにプライドの高い場合が多い。「5年生なのにどうして2年のドリルなんだ」といった抵抗感を示す場合もある。学年などを考慮して教材を使っていく必要がある。

4．得意なものを見つけ、伸ばす

　苦手な面にばかり目がいきがちになるので、得意分野を伸ばしていく、通級で好きなものを見つけ満足感を持たせることの方が重要になる子もいる。成功体験の中から「自分にもできる」と自信を持たせていくのである。

5．連携をとる

　通級指導の時間は短い場合が多いので、在籍学級や家庭との連絡や調整も通級担当教員の大きな役割になる。周囲の児童理解が進み、通常の学級が本人が学習しやすい、暮らしやすい環境設定になってくると、課題が解決の方向に向かってくる。なお、通級では個別指導が中心になる場合が多いが、小集団指導を取り入れることで通常の学級とのつながりを持たせた方がよい子どももいる。

実践例1　聴覚的な手段を使った漢字練習

　A児は3年生で、漢字を書くのが苦手で、抵抗感が強かった。新出漢字の練習の宿題が出ると、かかる時間を考えただけで機嫌が悪くなる状態だった。見て書き写すだけでも、本人には相当な努力が必要だった。

　宿題に付き合う母親から、どうすれば少しでも楽にしてあげられるかと相談を受けた。そこで、視覚的な面が苦手だったので、聴覚的なことを使って漢字の練習を少しでも楽にできないかと考えた。

　漢字に関する本を探すうち、「書き順を唱えながら書く」という本を見つけた。通級で試しに使ってみたら、A児は案外面白がった。そのとき、書き順の意識はA児には全くなかった。抵抗感の少ないパソコンで漢字の書き順のソフトも併用した。その本に出会い、パソコンを使い出してからは、前ほどの時間がかからず宿題ができるようになった。

　だじゃれが好きなA児。漢字を通級のたびに1字ずつ唱えて書いた後、正しい使い方の短文と間違った使い方の短文を作るのが課題になった。こちらが考

えもしないような当て字を考えるので，大笑いで他の先生たちや学級担任にも紹介した。正しい短文も作れるので漢字の意味は取れている証拠だった。そんなことを繰り返すうち漢字に対する抵抗感は減っていった。

　高学年になると画数も多くなり，読み方もいろいろ出てくるので，抵抗感は少なくなったものの漢字の定着は難しかった。担任と相談して教科書の漢字に母親にふりがなをふってもらい，通級で予習的に先に読んでおくといくらか読みへの抵抗が少なくなった。担任からは漢字テストの相談を受けた。他の子と同じテストは無理な状況だったが，みんなと全く違う，レベルを落としたテストは嫌がったので，一部分担任があらかじめ答を書いておき，量を減らした形の特別なテストにしてもらった。

実践例２　好きなものを使っての読み練習

　「ポケモン（ポケットモンスター）」が大好きな１年生のＢ児。読みの課題は苦手意識があり，なかなかやりたがらない。文字の拾い読みで，単語として読むことが難しい。そこで「ポケモン」の名前や「ポケモン」によく出てくる単語を使って読みカードを作った。「ポケモン」の本に出てくる言葉と分かると，いつもは読みたがらないのに熱心に読んだ。おしゃべりは好きなので，出てくる単語のことを話す時間もとった。

　Ｂ児から聞いた「ポケモン」の技の説明を担当者が文に起こし，クイズ仕立てにしてみた。「先生は『ポケモン』に詳しくないから」という理由で，説明に間違いがないかを読ませてチェックさせた。得意分野なので読む抵抗感も少なかったようだ。読んで言葉の使い方がおかしいと訂正を求めることもできた。好きなものを使って読みに取り組んだ結果，他の文章もスラスラ読めるようになり，抵抗感は少なくなってきた。

実践例３　視覚的な補助を使ったかけ算九九練習

　２けたのかけ算の筆算に引っかかっているといっても原因はいろいろ。手順が分かっていない場合，位取りをそろえるときに雑でずれてしまう場合，かけ算九九が怪しい場合，繰り上がりの足し算が怪しい場合など，たくさんある。いうまでもなく，何がネックになっているか分かると解決方法が見えてくる。

かけ算九九は，通常の学級では，暗記するために，毎朝みんなで唱えるという学習のやり方が多い。聴覚的な苦手さを抱えるＣ児には独特な九九の読み方がなかなか覚えられなかった。その困難さを引きずって学年が上がってきていることが推測された。

　そこで，九九の表に大きめに読み方を書き，暗記でなく見ながら読ませるようにした。ゆっくりめの録音を聞きながら行った。次の段階では，答えの部分だけ消しておいて，指で数字を書くようにさせていった。こうした視覚的な補助を取り入れることで，暗記する内容が自覚されていき，意欲的に取り組むようになった。通常の学級では，いつでも心配なときは九九の表を見て確認してよいという条件にしてもらったので，安心して学習に取り組み，2けたの筆算にも間違いが少なくなっていった。

実践例4　教材の工夫で取り組ませた計算練習

　数のイメージが持ちにくく，特に引き算は苦手だったＤ児。前の学年に戻して練習させたいのだが，「高学年なのになぜ低学年の問題をやるのか」という抵抗が強かった。

　そこで，けた数の多い引き算の問題を作った。「これはかなり大きい数だから5年生でも難しいかもしれない」と言ってみると，「やってみる」と取り組んだ。10けたの引き算なら，1けたの引き算を10題やったことになり，学年なみの難しい引き算をしたという本人なりのプライドも満足させられた。

実践例5　小集団による品物当てクイズ

　教師がゆっくりクイズを読んで，それを書き取らせ，答を書く課題である。聞いて書き取るのが苦手でやりたがらない子も，クイズという手段なので，比較的やりやすい。小集団で友だちも一緒に書いていくことで取り組みやすくなる子もいた。一斉に指導した後，個人的に要求すれば，そばで，もう一度読んでもらえるという，おまけつきで行った。

　子どもたちの学年やレベルに応じてやり方を少し変えた。答えは何枚かの絵カードの中から選択させるという方法で行った小集団もあった。

　　　　　　　　　　　　　　　　　　　　　　　　　　（長谷川　安佐子）

事例 3-8	個別指導と小集団指導を効果的に使った通級指導 ——ADHD——
	東京都新宿区立天神小学校

1. はじめに

ADHDの子は,「分かっているけどやめられない」というタイプの子が多い。行動上の問題が大きく,通常の学級では友だちとのトラブルや授業妨害になるといった状態にある。

家庭でも物に対する扱いが乱雑で,同じいたずらを繰り返したり,言うことを聞かなかったりして,叱られてばかりの場合が多い。保護者には,周囲からも抗議の電話や「しつけが悪いのではないか」といった批判が来る。大人に対して反抗的だったり傷つく言葉を投げかけたりする。ときには「かわいいと思えない」という保護者のつらい思い,大変さも受け止めていかなくてはならない。

そんな状態の中で本人も居場所がなく,自己評価は低くなり,「どうせ何をやってもできない」というように自分のことを感じていることが多い。

2. 指導の内容

通級指導教室では,その子の状態に応じて「自己コントロールできるようにする」「得意なことを伸ばして自信をつける」「その場に応じた言葉を実際場面で使えるようにする」「集中できる場面や方法を体験させる」「分からないことは質問したり言葉で手助けを求めたりしていく」などの項目を自立活動から選び,個別の指導計画を立てて重点的に指導していく。

個別指導では比較的指導にのりやすい状態にあるので,個別指導で教師との人間関係を築きながら,自己評価を高められるよう,本人にとって得意な分野の指導を中心に,課題や問題点・能力の偏りに対応した指導も行う。

応用場面として小集団での指導を行うことで,集団による学習場面でのルールを再確認することや,どんな目標を持って参加すればよいかを学ばせていく。小集団指導で見えた課題を個別指導で扱ったり,小集団指導場面の評価を個別

指導で行ったりして効果を上げていく。

また,通常の学級担当者や保護者,ときには医療関係や学童クラブの関係者など,子どもを取りまく人たちや機関と連携を取りながら,通級による指導の内容を決めたり,本人が暮らしやすい環境を整えていく必要がある。

実践例1　個別指導例

〈本時のねらい〉

- 好きなものを大人と一緒に取り組み,楽しむ。
- 単語でなく文で要求を出す。

〈展開〉

学習活動	教材・教具	指導上の留意点
課題の順番を示す。	課題メモ	・本児が好きなものを選択し,順番を決められるようにする。
①朝の会の評価	①評価表	①自己評価後,教師側から評価する。よかった点を認める。約束を守れたらシールを渡し,表に貼る。
②パズル	②パズル	
③折り紙	③折り紙,折り方の本	③教師が一つ,本児が一つ選んで二つ作る。
④間違いさがし	④プリント	④間違いを見つけたら言葉で話す。単語のときは担当者が言い直すようにする。
⑤1分間ポーズ	⑤タイマー	⑤担当者と交代で見本のポーズを出題する。タイマーが鳴るまで動かない。
⑥絵の模倣	⑥見本の絵,色鉛筆	
⑦色塗り	⑦色塗りプリント,色鉛筆	⑦本児が好きなキャラクターの色塗りプリントにする。
⑧パソコン	⑧学年教科ソフト	
⑨体育の目標確認	⑨評価表,シール	

実践例2　小集団（5人グループ）指導例（体育）

〈本時のねらい〉
- 順番を意識して前の人を抜かさない。
- 話すとき，単語でなく文で話す。

〈展開〉

学習活動	A児のねらい	指導上の留意点
挨拶をする。	いい姿勢で挨拶をする。	・足，手，背筋に気をつけるよう声かけする。
本時の内容を知る。	リーダーを見て話を聞く。	・掲示してある紙を指差しながら確認する。
①準備体操	①模倣する。	
②サーキット（5周）	②前の子の種目が終わるまで待つ。	・2周目までは「次の種目になってから」と手で横切って制止する。それ以降は声かけをする。
③走る。 　　階段＋プレイ室	③スピードをコントロールして走る。抜かさない。	・誰にスピードを合わせるかを確認する。
④ボール	④相手に取りやすいボールを投げる。 自分で回数を数える。	・強いボールがよい訳ではないことを話す。続けた回数を数えさせる。
⑤ドッジボール	⑤ルールを説明する。	・ルールを忘れて話さないときは，ヒントを出して思い出させる。文で話せるように補助する。
挨拶をする。	いい姿勢で礼をする。	
評価表	適切な自己評価ができる。	・挨拶終了後，個別指導で確認した目標が守れていたかを評価し，守れていたらシールを貼る。

3．連携について

　在籍学級の受け入れがよくなると状態が安定してくる場合が多い。その子の状態に応じて「認められる場面をつくる」「周囲に理解を広げていく」「見通しがつきやすいように視覚的に提示をする」「手を出すのではなく，言葉で拒否や断りができるようにする」などの指導のめあてを決めて，通常学級としての個別指導計画を立てて取り組んでもらう。通常学級担当者が個別指導計画を立てることに慣れていない場合には，通級担当者と一緒に立てることも考えられる。

　座席や班編制などの環境的な面も，よい状態をつくる上で大切な条件なので，一緒に考えていく。

　教室からの飛び出しや学校行事など，学校全体に関わることも多い。校内委員会への参加や管理職，特別支援コーディネーターとの話し合いを持ち，学校体制としての取組をすることが必要である。

　通級時に取組がよかったことがらを紹介して，上手に在籍学級で取り上げてもらったり，あるいは抵抗感の強い課題を通級で取り組んだり，指導の連続性を考えることが効果を上げるポイントである。

　保護者に対しては家庭や保護者の抱えている問題をていねいに聞き取り，相談にのっていく。問題が多すぎてどこから対応していけばよいか迷っていることも多い。何を大目に見て，何を中心にして，困った行動にどう対応していけばよいかを具体的に相談できると，保護者の気持ちも落ち着いてくる。保護者の態度が一定してくると子どもも安定してくることが多い。

　服薬について慎重な保護者が多いが，子どもによっては服薬によって集中しやすくなり，学級内で認められやすくなってくることが考えられる。保護者が医療機関に受診するように働きかけが必要な場合もある。

（長谷川　安佐子）

6章 特別支援学級・通級指導教室を支援する体制づくり

1. 個人記録ノートの工夫による保護者との協力

　近年，特別支援教育に対する保護者の意識の高まりもあり，通常の学級に在籍する障害児は増加の傾向をたどり，「通級による指導」の必要性はますます高まってきている。通級指導学級（東京都では，通級指導学級として認可している）では個別の指導の充実はもちろんのことであるが，保護者・在籍学級担任との連携は欠くべからざるものである。保護者との協力関係は，子どもへの指導のあり方の決定は言うに及ばず，指導の効果をも左右する。本学級では保護者の送迎が原則となっているため，日常の簡単な連絡はその機会を利用して行うようにしている。その際に留意することは，事実と意見，感想を分けて，できるだけていねいに細かく伝えることである。保護者と顔を見合わせながら話すことは，通級指導学級において，行き違いや誤解を未然に防ぐ上でも大切な機会である。これらに加えて，通級指導日には，これまでは児童が通級時に提出する連絡ノートによって児童の様子について情報交換や児童の評価をしてきた。しかし，通級指導学級利用の児童の増加とともに，担当教員の事務量も増え，従来の連絡ノートの記述や情報交換に代わる新たな方法を模索する必要があった。そこで本教室では電子メディアを用いた個人記録ノートを一部使用している。この個人記録ノートでは，追記式のメモリーストレージを用いることで，文章だけでなく，通級指導学級，在籍学級での児童の様子や作品などを画像として記録できるという長所がある。また記録用の様式を定型化することで，入力者の負担を減少させることも可能となる。またIDやパスワードをかけることで，情報の守秘も容易となり，これまでは利用児童が連絡ノートを自分で読んでしまうといった問題も生じていたが，この点も防げるようになった。何よりも情報のアカウンタビリティが求められている現代，保護者にとっては，特別支援教育がどのように行われているのかを知ることができ，連携がスムーズになると考えられる。本学級では電子メディアを利用した連携支援ツールの

開発を急いでいる段階である。また，平成19年の特別支援教育の開始以来，対象となる児童生徒の増加のために，小・中学校に在籍する発達障害を含む障害のある子どもたちを適切に支援することが求められているが，担任教師一人の力量だけでは十分な支援が困難な場合がある。このような状況を踏まえ，各学校においては，様々な職種の特別支援教育支援員が配置されている。そこで，勤務時間に制約のある特別支援教育支援員との打ち合わせや情報交換のためのツールとしてポートフォリオを用い，個別支援計画の作成や効果的な支援のための連携を図るようにしている。ポートフォリオは学校教育において児童生徒の学習活動中に作成した文章やスケッチ等の紙による情報，写真等のメディアによる情報，レポートなどの成果をファイルして自己評価・総合評価をし，活動の修正・改善に寄与させるもので，近年では学校教育以外にも大学生や看護職の初年度教育や異職種協働場面などの連携に広く活用されてきている。本学級では，このような連携の積み重ねを，連携シート（表1）やシラバス（表2）という形で保護者に提案し，子どもの活動の見立てや見取りを保護者と共有するようにして協力関係を築いている。

（高階　惠子）

表1　連携シート

日時	場面	児童の様子	情緒障害学級の見立て	在籍学級の見立て
○月○日	切り絵工作		工作にとても興味があり，作りたいものを多くの中から自分で選び，説明書きを読んで作成しました。のりが手につくことは気になるようでしたが，はさみやのりの使い方がうまく，ていねいに作業しました。これは簡単なものですが，難しいものもできるだろうと思います。	工作はとても得意な学習の一つです。のりが手にくっつくことが気になるのは，こちらでも同じですが，直した方がいいのでしょうか。

1．個人記録ノートの工夫による保護者との協力

表2　A児のシラバス

	学習活動名	ねらい	教材		学習活動	評価規準等	評価方法
水曜日	プリント学習（国語と算数 -45分）	・手がかりの探し方を身に付ける。 ・基礎的な学力の向上をはかる。	・本児用のプリント ・基礎的な教科の補充プリント	前期	・既習の問題を復習するためのプリント問題を解く。	・苦手なプリント問題については投げ出さないで取り組むことができる。 ・分からない内容を質問できる。	・姿勢や言葉づかいなどの学習に取り組む態度
				後期	・掲示されたプリントを学習する。	・やりやすい問題から解くなど計画的にプリント問題を進めることができる。 ・苦手な問題についてはヒントや助けを求めることができる。	
	ゲーム（20分）	・他者との関係の築き方を理解し他者とかかわることができる。	・ジェンガ ・トランプ ・危機一一トカード	前期	・自分でルールを決め，ルールに沿ってゲームを進める。	・ゲームの内容を理解することができる。 ・順番や時間などの設定されたルールを守って活動できる。	・器具や用具の取り扱い方 ・学習態度
				後期	・話し合いによって決められたルールに沿ってゲームを進める。	・ルールを守ってゲームを進めることができる。 ・ルールから逸脱した場合や逸脱しそうな場合に，そのことに気付くことができる。 ・自分から気持ちを切り替えてゲームを続けることができる。 ・周りの人とゲームを楽しむことができる。	
	興味のあることを調べる。（20分）	・様々な情報を取捨選択する力を身に付ける。	・パソコン	前期	・パソコンの操作についてパソコンで学習する。	・パソコンの扱いやキーボードの使い方を理解し，自分で文字を入力することができる。	・パソコンの取り扱い方 ・姿勢や言葉づかいなどの学習態度 ・終了時の指示の聞き取り方 ・ルールの遵守態度
				後期	・パソコンを操作する。 ・パソコンで集めた情報を取捨選択しながら学習する。	・指導者の管理のもと，インターネットにアクセスすることができる。 ・指導者の管理のもと，必要な情報を選び集めることができる。 ・指導者と一緒に，パソコンを活用して学習を進めることができる。	

2. 入学相談への支援体制

(1) 就学指導委員会

　障害のある児童・生徒の入学に関しては，各教育委員会が，就学指導委員会を組織し，相談を進めていくことになる。

　その際，障害を固定的に捉えるのではなく，一人一人の特別な教育的ニーズに対応する方向で話し合っていく。一人一人の特別な教育的ニーズとは，障害の種類や程度だけでなく，その子の可能性を最大限に伸ばすにはどのような環境や教育が適切か，という視点でライフステージを見通して考えていくことである。そのためには保護者の考え，希望も大事になる。

　医学的な情報や医師の診察だけでなく，教育学，心理学等の専門的な知識のある人たちの総合的な判断が求められる。

　保護者への聞き取りを行い，必要な資料を収集し，行動を観察し，討議をする。そのような過程の中で，子ども一人一人の能力，障害，生育歴等を踏まえて入学後を予想しながら話し合い，入学先を判断・決定していく。

(2) 資料収集

　適切な就学指導を行うために客観的な資料を収集する必要がある。保護者への聞き取りによる資料，医師の診察に基づく資料，心理検査に基づく資料など，就学先が判断するために必要な資料を収集する。

　必要に応じて就学前の療育機関や幼稚園・保育所の資料も集める。個人情報の保護には十分気をつけるとともに，必要最小限にするような配慮が求められる。

(3) 行動観察

　行動観察には活動しやすい場の設定を行い，遊具，教材などを用意して，複数で観察する。どんな条件なら取り組めるのか，どういう指示なら入りやすいかなど，その子にとっての取り組みやすさも観察する。そのような見方が本人の可能性や成長につながっていく。今後の学校生活でのヒントにもなるものと思われる。

　また，就学前の療育機関，保育所，幼稚園など現在生活しているいつもの様子を，その場に行って観察することも子どもによっては必要になってくる。

(4) 保護者への対応

　保護者の面接を通して，児童の実態等の情報を聞き取るとともに，保護者の考え・希望もあわせて聞いていくことが大事になる。就学指導委員会には，保護者に対して委員会の内容や結果について十分に説明する責任がある。

　保護者によっては入学に関しての十分な知識や情報が入っていないことも考えられるので，情報提供することもあわせて考えていく。その際，学校見学や体験入学などを通して，一人一人に合わせた学校教育に対する見通しや判断の材料を提供することが考えられる。

　保護者が結果を受け止めにくい場合もあるが，心情をくみとり，共感的に話をよく聞いた上で，理解が得られるように接していくことが重要である。

(5) 通級による指導への入学相談

　通級判定委員会には通常の学級での適応に関する判断や，通級指導に必要な適正な時間等の判断も求められる。通常の学級にいながら，校内の特別支援教育体制を活用した配慮で対応できる場合もあるからである。

　通級への入学の場合には，入学前でなく，学期途中で必要になる場合が多い。就学の段階で通級も視野に入れて状況を把握することが望ましいが，一人一人の実態がかなり違うことから，就学指導委員会と通級判定委員会が連携して相談を進めていく必要がある。

通級についての意味や教育内容について保護者に十分説明し，納得してもらった上で進めていく。指導の様子を参観してもらったり，担当者から説明を行ったりすることも有効である。

特別支援連携協議会や都道府県教育委員会等の専門家チーム，巡回相談，校内委員会や特別支援教育コーディネーターなどの活用を図ることも大事である。

(6) 入学後をスムーズにするための入学相談

就学指導委員会が就学先の学校の特別支援コーディーネーターや校内委員会との連携を取ることも考えられる。入学後にその子の教育がうまく効果的にまわっていくように環境を整えていくということである。また，入学後に継続した観察が必要な子どもに対するフォローも望まれる。　　　（長谷川　安佐子）

3. PTA活動との連携

(1) 基本的な立場

　特別支援学級の児童の保護者もPTAの会員であり，一緒に活動していくのが基本であるが，特別支援学級ゆえの難しさも抱えている。例えば本学級の学区域は，いくつかの小学校をまたぎ広くなっているため（本市全体がそういうシステムになっている），本学級児童の7割以上が本校の学区域外から通学している。また，PTA組織は「学級」と「地区」が基盤になっており，緊急連絡網の作成やPTA会費の徴収などは地区班で行われ，学区域外の保護者にとっては入りにくい，などである。

　しかし，本学級の保護者はそういう困難がありながらも，なるべく通常の学級の保護者と連携し，積極的にPTA活動に協力していこうとしている。またPTAからは「子育てや学区外で大変だから」という理由で，「広報」の係は免除され，会費は特別支援学級で集めてよいとされるなどの配慮もされている。

(2) 具体的な活動

　特別支援学級ではPTAの運営委員1名と学級委員2名を選出している。運営委員はPTAの運営委員会に出席し，パイプ役として報告をしたり，学級の意見をまとめたりして，意見をPTAに反映させている。

　PTA行事の中で納涼祭とファミリー運動会は盛り上がる。納涼祭には学級の児童も保護者と一緒に大勢参加しており，地区班の一員として出店の店番をする母親もいる。またファミリー運動会では「特別支援学級の児童も参加しやすい種目などあったら教えて下さい」と相談されるなど，本学級の児童を積極的に受け入れていこうとする姿勢が見られ，大勢が運動会を楽しんでいる。

(3) 保育ボランティアの取組

　本校PTAの取組の中で特筆すべきところは，PTAサークルの一つである「特別支援学級児童の保育ボランティア」の取組である。これは平成5年度ころに「特別支援学級の保護者会のとき，子どもの面倒を見てくれる人がいると助かる」という声を受けて，その時間帯に子どもの保育をする「若竹ボランティア」という組織が生まれた。それ以来，保護者は午後2時から4時の時間帯の保護者会に安心して出席できるようになった。毎年度当初にボランティアの募集を行い，20名ほどが登録している（なお，ボランティアは本校の保護者，OB〈特別支援学級保護者のOBを含む〉で，中には保育士をしている保護者もいる）。また万が一のときのために，社会福祉協議会のボランティア保険に入っている。保護者会が近づくとボランティアに預ける児童を確認し，その人数に合わせてほぼ1対1で保育に当たり，ベテランと新人のボランティアがペアで見ていく場合もあり，手厚く見てもらえている。「若竹ボランティア」のよさは，ボランティアの子どもも一緒に参加しているというところにもある。「障害のあるなしにかかわらず一緒に遊ぶ」ということは，特別支援教育の趣旨とも合致している。

　また特別支援学級児童のことをできるだけよく知ってもらい，保育の時間を充実して安全に過ごせるようにするため，年度当初に次のようなアンケートも取っている。

21年度若竹ボランティア申込書

児童氏名　　　　　　　　　　　学年　　　年

以下は保育の参考にしますので，差し支えのない範囲でご記入下さい。
＊好きな遊び　屋内　　　　　　　　　　　　　　　　　　
　　　　　　　屋外　　　　　　　　　　　　　　　　　　
＊気をつけてほしいこと　　　　　　　　　　　　　　　　
　　　　　　　　　　　　　　　　　　　　　　　　　　　

―以下略―

図1　特別支援学級の保護者向けの申込書とアンケート

3．PTA活動との連携

(4) 今後の方向

　近年，地区班の活動等になかなか参加できないので，「特別支援学級としてまとまって一つの地区を構成した方がよい」という意見も一部には出てきている。しかし，全体としては地区班に所属して，できる範囲で交流し協力していきたいという前向きの方向にあると感じられる。協力関係がさらに発展し，地域での障害者理解がいっそう進んでいくことを期待している。　　（富田　速人）

4. 巡回による指導の試行

(1) 特別支援学級の担任による通常の学級への巡回指導

　特別支援教育が推進されていく中で，通常の学級に在籍する特別な支援を必要とする児童生徒のために，「専門家チームによる巡回指導」の実施，「巡回指導員」の派遣，「支援員」の配置等，支援の充実が図られてきた。特別支援学級の担任が専門家チームの一員となるケースも多いが，それとは別の位置づけで，特別支援学級の担任がその専門性を発揮して，学級の指導体制を工夫しながら通常の学級に「巡回による指導」を実施している地域がある。今後もそのニーズは高まるものと予想される。東京都では平成20年度から東京都特別支援教育推進計画第二次実施計画に基づく「通級指導学級の担当教員による巡回による指導のモデル事業」を実施し，豊島区と多摩市が委嘱を受け試行している。

(2) 東京都豊島区の通級指導学級の担当教員による巡回指導の試行
① 概要

　豊島区には情緒障害等通級指導学級が小学校3校(1校は平成21年度新設)，中学校1校，難聴・言語障害通級指導学級が小学校1校にある。この5校の通級指導学級の担任が，区内の小中学校の巡回指導を実施している。

　豊島区ではモデル事業を受けるに当たり，通級を希望する児童生徒が増加し，年度途中で学級定員をこえての受け入れが求められている現状を踏まえ，在籍する児童生徒の指導に支障のない範囲で，無理のない巡回指導を行うことを基本方針とした。その結果，巡回による指導を「巡回支援」と総称し，その内容を「巡回指導」と「巡回相談」とに分け，各学級の実態に合わせた特徴のある支援を実施している。平成20年度の実績は，設置されていた4校で，巡回指導が150回，巡回相談(電話相談を含む)が500回を超える結果を得た。

197

② 巡回指導

　巡回指導とは，通級している児童生徒に対して行う直接的な「在籍学級での授業支援」である。巡回指導では，通級児の在籍学級での集団適応を促進するために，必要に応じた個別指導や個別の配慮を授業の中で実施したり，取り出し指導を行ったりしている。巡回指導をすることで，通級児の在籍学級での困り感が明確になり指導の目標や内容に反映できること，本人を取りまく環境の把握ができること，指導の目標を在籍校担任と共有しやすいこと，などのメリットがある。また近年，通級する児童生徒の「退級システムの構築」が求められているが，通級指導の結果，本人の困り感に改善する傾向が見られる児童生徒が，通級と巡回指導を併用する形で徐々に在籍学級に戻るという，段階を追った退級指導にも巡回指導は有効であると考えている。

③ 巡回相談

　巡回相談とは，通級する児童生徒への直接的な関わりではなく，「学級担任との情報交換」「教員・児童生徒への専門性の提供」「通級に結びつけるための相談」など，様々な支援の要素を含んでいる。原則的には通級する児童生徒の在籍校を訪問し，学級担任に通級児の集団適応に向けたプログラムの提供や指導上のアドバイスを行う支援が中心となる。しかし，通常の学級には通級児の周囲に困り感や発達の偏りが見られる児童生徒が数多くいる。通級児が落ち着いて学校生活を営むためには学級経営の充実が不可欠である。学級経営の円滑化のために，子どもの持つ長所の活用法や分かりやすい指示の出し方，ときには発想を転換して子どもの実態を捉える方法など，学級の子どもたちの実態に合った具体的な支援の工夫をともに考え，実践するための支援を行っている。また，保護者への対応の仕方も相談の大切なポイントである。担任が子どものよさと努力を認め，今後の取組を保護者に具体的に示すことで通級につながったケースも見られる。

　巡回相談のケース数が多いのは，通級指導学級のもつ専門性や関係諸機関とのネットワークをセンター的機能として広く活用してもらうために，「電話による相談」も巡回相談の一つとして位置づけたためである。　　（森下　由規子）

5. 進路への支援

(1) 学校の教育活動全体を通じて

　義務教育終了の時期を迎え，「将来の生き方」への支援は，3年間の中学校生活の柱となる。中学校学習指導要領総則（平成20年3月告示）には，「(4)生徒が自らの生き方を考え主体的に進路を選択することができるよう，学校の教育活動全体を通じ，計画的，組織的な進路指導を行うこと」「(5)生徒が学校や学級での生活によりよく適応するとともに，現在及び将来の生き方を考え行動する態度や能力を育成することができるよう，学校の教育活動全体を通じ，ガイダンス機能の充実を図ること」，さらに特別支援学校学習指導要領（平成21年3月告示）総則には，「(5)…校内の組織体制を整備し，教師間の相互の連携を図りながら，…その際，家庭及び地域や福祉，労働等の業務を行う関係機関との連携を十分に図ること」とある。

(2) 学校生活における支援内容例

　特別支援学級の進路支援は，学校生活全体で支援環境を整えることから始まる。3年間の進路支援の方針・内容を組み立て，個別の指導計画や個別の教育支援計画に位置づける。本人の希望や適性を踏まえた進路ガイダンスを定期的に行い，本人・保護者に「卒業後」への意識づけを図り，望ましい進路選択に向け取り組む。
　さらに，通常の学級のキャリア教育との関連づけ，交流及び共同学習における進路に関する内容の整理，進路指導担当者との情報共有など，通常の学級との連携を図り，校内の組織全体で支援を具体化する。
　以下は，各教科等における進路支援の内容例である。
　　○基本的生活習慣，対人関係，集団適応，セルフエスティームなど

○基礎的・基本的な知識技能，言語活動，機器・情報活用など
○主体性，自己選択・自己決定，役割意識，きまり，ルールなど
○作業態度，意欲，技能，働く活動の日常化，職場体験，職業理解など
○健康，体力，衛生管理，安全意識など

(3) 家庭・地域・関係機関との連携例

学校生活における支援に加え，関係諸機関との連携を図り，進路支援の質の向上を目指す。以下は，進路支援に関する関係諸機関との連携例である。

家　庭	○個別の教育支援計画，個別の移行支援計画参画 ○本人・保護者・担任の進路相談や個別面談実施 ○本人の希望・選択に関する定期的な進路ガイダンス実施　など
地　域	○職場体験実習や現場実習の実施 ○講師を招聘した職業講話や接遇指導の実施 ○職場体験事業所リスト作成　など
小学校	○個別の教育支援計画の引き継ぎ ○特別支援教育コーディネーター，特別支援学級の連絡会開催 ○卒業後・成人期をテーマにした研修会開催　など
中学校	○労働行政や企業関係者を招聘した研修会実施 ○現場実習先の情報ネットワーク構築 ○特別支援学級卒業生の進路情報提供 ○特別支援学級担任間の連絡会開催　など
特別支援学校 高等学校	○巡回相談，オープンスクール，学校説明会等の実施 ○進路情報提供，卒業生の体験講話，学校行事への参加　など

(4) 支援の引き継ぎ・移行支援

卒業前には，個別の移行支援計画を作成し，進路先へ円滑な支援の移行を図る。卒業後は，家庭や進路先との連絡，地域・福祉・労働等の関係機関との連携の継続に努める。中学校が，支援ネットワークの一機関となることで，継続的で一貫した支援を可能にしていく。

(西村　美華子)

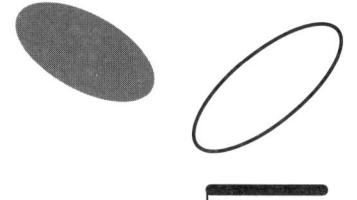

7章 通常の学級への支援

1. 通常の学級担任の悩み

(1) 通常の学級担任の悩み「一人で抱え込むなと言われても」

　最近は特別支援教育の認識が以前より広まり，特別支援教育について学習する機会も増え，それを支える体制も以前より整ってきたといえる。しかしながらその体制は十分に機能しているとはいいがたく，まだまだ現場の教師が抱える悩みや苦労は多い。

① 加重負担がずっしりと

　通常の学級の担任一人が持つ仕事は多岐にわたり，いろいろなことを同時進行していかなければならない。ほとんど休憩時間もなく学校の校務をこなしながら，学力を上げるべくいろいろな工夫をこらし，毎日がんばっている。平日はもちろん，土日も家に持ち込んで仕事をしないとこなしていけないのが現状であるが，この状態に特別な支援が必要な子が一人増えるごとに，精神的にも肉体的にも確実に負担が担任にのしかかるのである。

② 気が付いたら特別な支援を必要とする子だった

　受け持ったクラスの子がどうもおかしいと思ったら，どうやら特別な支援を必要とする子だったというケースが，ここのところ増えている。しかも一人や二人ではなく，最近は軽く5人を超えてしまう。しかし軽度の子は，担任は気付いてもそのままになってしまう（もちろんできる範囲での配慮と支援指導は行うが，親に知らせるまでにはいきにくい）。どうしても特別支援の必要性の高い子が優先されるからである。

③ 気が付いてからが大変

ケース1　親が気付く

　親が気付くと，お互いに連絡を取り，相談をしながら対応できるので，教師側の仕事の内容は増えるが，精神的負担はいくぶんか軽くなる。

また，親がクラスの保護者にも理解と協力を呼びかける状況ならば，周りの誤解（「A児ばかり特別扱いをしている」など）を回避もしくは軽減することになる。援助を理解してもらえ，さらに励ましの言葉に勇気づけられることもある（中には冷ややかな言葉をかける保護者もいて，当事者の親の心は，結構傷つくことが少なからずある）。

　ただ，親が気付き専門機関に相談するくらいであるから，本人の症状ははっきり目に見える状況が多い。その先，症状が進行することもあるので，他機関との対応が必要不可欠となる。

　また，保護者が，通常の学級を強く希望したり，特別支援学級に通級しながら在籍している学校を希望した場合には，保護者の希望をかなえるべく，コーディネーターや管理職に相談して関係機関に連絡を取りつけていかなければならない。しかし，いろいろな制約があり，なかなか思うように進まないことが多い。特に進行性の場合は，親の意に反して特別支援学校に話を進めるとなると，保護者の大きな反感を受け，それまで築いてきた信頼関係を一気に崩してしまいかねず，あくまでも特別支援学校の必要性を感じた保護者からの相談とならなければ進められないということもある。その間にもどんどん症状が進み，特別支援教育支援員の派遣があっても対応が追いつかなくなり，学校全体の職員の共通理解と対応が迫られ，臨時の職員会議等で対策を重ねなくてはならなくなる。

ケース2　担任のみが気付く

　担任にとって最も嫌なのはこのケースではないだろうか。特別支援教育の講習を受けていても，実際に受け持ってみて初めて，その症状と対応に苦労するのである。特別支援教育の窓口が開かれたといってもまだまだ始まったばかりであり，コーディネーターに相談しても何の助言も得られなかった。仕方なく自力で勉強して，たぶんこの症状だろうと思ってもその先に進まないこともある。例えば，ADHDの中の注意欠陥型の場合，学習能力にはさほど問題はないが，当番などの活動や友だちとの約束を毎日のように忘れたり，宿題や学習準備物，提出物を忘れたり，落しものが日常化しているなど

のタイプの子は，あまりにちぐはぐな行動に対して友だちから仲間はずれを受けてしまうことがあり，その対応には担任も苦慮する。

なお，注意欠陥型の場合，子どもだけでなく母親も同じタイプであることが少なくない。学校からのお知らせや配布アンケートなどの回収に時間と手間がかなりかかる上，改善されることのない負担が日々担任を襲う。そして同じ事が1年間繰り返されるのである。学年が進んで，教科や委員会などが増えても一向に改善されないばかりか，さらに手間がかかることにもなる。

このタイプの場合，注意欠陥型と気付かれにくいこと，学習能力はあること，母親も同じようなタイプであることが重なると，単なる忘れものが多い子という認識に終わってしまい，その先になかなか進むことができない。

ある学力が極端に低かったり，明らかに行動に異変が見られるときは，親も周りも気付き，何とかしなければという意識が働くが，このタイプの場合は「どうしたら忘れものがなくなるのでしょうか」と父親から相談を受けるのが関の山である。他の機関への相談を促しても，出向いてくれればいいが，このタイプはなかなかその流れにならない。といって，こちらが詳細を伝えれば，担任が保護者からの恨みを買うことになりかねない。

たまりかねて，コーディネーター担当の先生に相談するが，その先生自身が注意欠陥型をよく分かっていなかった。その後，担任が自分で勉強し，さらに相談しても「分かったからといって，どうなるんだ」で終わる。研修会などでは担任一人で抱え込まないでとあるが，気付くのも担任，その子の行動を逐一記録に取り，親の理解をもらい，周りの関係機関に働きかけるように持っていくのも担任である。

よいコーディネーター担当者に恵まれればサポートしていただけるのだろうが，その道が開かれていない場合や前例がない場合は，すべてが担任にかかってくる。何とかしようと思っても，先が見えずサポートももらえず，下手な行動をして親から恨まれることになっては身も蓋もない。思わず尻込みをしてしまう。自分一人が空回りしている現状に，担任は精神的にもかなり疲労困ぱいする。

④　お金がない

　相談をしていちばん残念なことは，「行政にはお金がないので，予算がなく，なかなか特別支援員がつけられない」という現実である。それまで保護者や関係機関と連携を図り，さんざん苦労してやっとあるべき支援にたどり着けるかと思ったその矢先に，立ちふさがるのはやはり「お金」である。

⑤　担任は苦しんでいる

　単学級規模の学校は少ない教員で多くの校務を分け合っている。一人でたくさんの校務分掌を抱え，各方面からくる様々な要求に応えて仕事をこなしている。保護者も変わってきて，学校が子どものしつけと学習と保護者まで面倒を見なければならない昨今，特別な支援を要する子の増加はがんばる担任の負担増になり，精神的にもさらに苦しめる。

　ADHDとLDの子をかかえてスタートしたクラスに，毎学期ごとに受け入れた転校生3人が，全員特別な支援が必要もしくは疑いのある子だった，という経験がある。学期を追うごとに特別な支援を要する子が一人ずつ増え，担任にはさらなる負担が増大した。特に，ADHDの薬でパニックを押さえているA児と注意欠陥型のB児を中心に神経をすり減らし，学級経営も例年通り順調という訳にはいかなかった。かろうじて，TTの先生に助けてもらってしのいだ。このクラスは，次年度からは，特別支援教育支援員をつけてもらえることになった。

⑥　コーディネーターも困っている

　コーディネーターには，特別支援教育の経験が浅い人にも担当が回ってくる。そして，研修は受けても経験がないと，実感として分かることはない。現場で必要なサポートには知識と経験が必要で，それが少ないと担任がしてほしいサポートには届かないことになる。願わくば，外部の専門の人がもっと担任と保護者をサポートし，担任に代わってしかるべき対応をきちんとしてくれるようなシステムになってほしい。また，保護者をはじめ多くの人が特別支援教育を理解し，支援がオープンにできたら，もっと進歩するだろうと思う。

〔高林　悟子〕

2．通常の学級担任の相談

(1) はじめに

通常の学級で勉強している児童生徒に対して教育支援を担える場を，右のイメージ図にしてみた。図中の「学校」は，特別支援学級を含む児童生徒の在籍校での活用できるすべての支援を意味している。

ここでは，イメージ図を基に，通常の学級で勉強している児童生徒の支援を，通常の学級担任の目線で考えてみる。

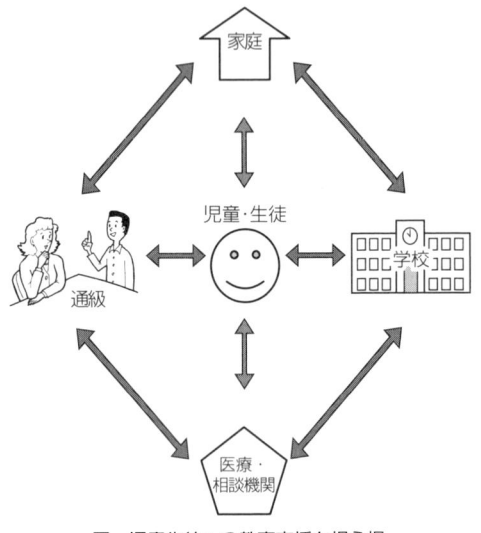

図 児童生徒への教育支援を担う場

(2) 個別で行う配慮・支援と，全体で行う配慮・支援

「家」や「医療，相談機関」や「通級による指導」で行う個別の指導は，一人の子のために個別に用意された場所と課題による指導である。

「通常の学級での配慮・支援」は，全体での配慮・支援であり，以下の要素が必要になる。

① 全体の指導で行う一人一人の子への配慮・支援
② 支援対象児童生徒の周辺（同じ学級や学年）の子どもたちへの配慮
③ 支援対象児童生徒の周辺の子どもたちの保護者の理解を得るのための配慮
④ 学級全体への配慮（学級としてのルールの決め方，ルールの確認の方法，

座席の決め方，一日の学校生活の表示法など）
⑤ 支援対象児童生徒と担任との信頼関係（敵でなく味方であること）
⑥ 支援対象児童生徒自身の自己理解の推進（支援対象児童生徒は，自分の価値や評価が極めて低い場合が多いので，正しい自己評価をステップを踏んで身に付けていくことになる。例えば，指導としては，意図した生活経験を通して，スモールステップで自分の得意なことと苦手なことを受け入れられるようにしていく）。

(3) チームを組んで行う通常の学級での支援

通常の学級に在籍する児童生徒への支援は，小学校では担任，中学校では学年団で対応することが多かった。しかし，その方法では教育効果が上がりにくい児童生徒の存在が認められた（文部科学省によると6.3%の児童生徒）。

そのため，保護者，学校全体，外部の相談機関などいろいろな立場のたくさんの人が知恵を出し合い，協同して指導に当たることが特別支援教育である。

(4) チームでの支援の力を倍増させるためのキーワード

○特別支援教育コーディネーター
　全体を把握し，整理し，役割（いつまでに，どんな仕事をするか）を分担する。
○校内委員会
　対象の児童生徒に関わる人（担任，学年担当，授業の担当者，養護教諭，管理職など）だけで，こまめに開く。

(5) 通常の学級担任とのやり取りQ＆A

Q　クラスのどの子が支援の必要な子なのでしょうか？
A　例えば，以下の①〜⑤のような児童生徒などが考えられます。
　① 1回の一斉指示で，指示通りのことができない子どもについて気にしましょう。その中の何人かが該当することが多いです。

② 日頃，行動，言葉遣い，教科学習での考え方，人との接し方などで，「何だか気になる児童生徒」について，文科省，都道府県，様々な研究所から出されているチェックリストを，その児童生徒に接している人たちでチェックをしてみましょう。その結果，発達にアンバランスが認められる結果になった児童生徒は，何らかの支援をすると助かる場合が多いです。
③ 医療機関で何らかの特別な教育的な支援を求められている児童生徒
④ 学力テストで教科間や単元間での成績に大きな開きがある児童生徒
⑤ アンダーアチーバーな児童生徒

Q 他の児童生徒へ，配慮についてどのように説明すればよいでしょうか？
A 「先生は，たった一人の子に配慮する訳でなく，どの子のことも守るし，一人一人の子が分かる教え方で教育をしている」ということを日常的に発信しておくことが大切です。
　どの先生も「あの子には□□のときに△△する，この子とこの子には○○のときに××する」というように，すべての子に自然な配慮をしています。この配慮を当然な環境にしておくと，特別な支援であっても特別な感じが薄れます。

Q そのつど注意をしていますが，何度も同じことを繰り返します。なぜでしょう？
A 注意している内容が伝わっていないことがあるかも知れません。言葉だけでなく，簡単な図（言葉と矢印だけでも）を書いて説明すると理解が深まる場合が多いです。
　誤学習や未学習である場合も想定して対応しましょう。
　説明は，「こういう」「この前」「あのとき」「そういうこと」「どんな」などの，コソアド言葉で伝えるのでなく，「〜月〜日」「先生がこの絵を描いたとき」「友だちが誤解したとき」などのように具体的な言葉を使うと，イメージを持ちやすいです。

加えて，注意をする場は，他の子どもたちの前よりも指導者としっかり向き合える静かな場所に変える方が，効果的な場合が多いです。

Q　できるようになってほしいことがたくさんある場合，一つにしぼった方がよいと思うのですが，何から指導したらいいでしょう？
A　①　ほとんどの場合できない。
　②　ときどきできる。
　③　たいていはできるが，場合によってできないことがある。
　指導内容がこれら3通りに分類されるならば，まずは③のことから取り組み，成功経験を積ませましょう。自信がついてくると苦手なことにも取り組んでみようとする意欲が出てくるものです。

（内田　晴美）

3. 通常の学級における個別の指導計画の作成

(1) 学校全体で書く

　通常の学級の担任は個別の指導計画を立てることに慣れていないことが多い。担任が一人で立てるのではなく，学校全体の取組として捉えていく方が負担感が少ない。場としては校内委員会が考えられる。担任がメモ書きしたものを土台に，校内委員会で話し合いをしていく。実態が整理され目標がはっきりしてくれば書きやすくなる。通級担任や特別支援学級担任が支援して作成することも考えられる。一緒に立てていくのである。担任から話を聞き取りながら特別支援学級の担任がメモし，書いていく。ある程度の下書きができると，その上に書き足したり訂正していくのは楽である。
　負担にならず続けられる形式を選んでいくことも大事になる。

(2) 完成品でなくてよい

　書けるところから書いていくと気軽に書ける。全部の枠を埋めなければならないと思うと通常の学級担任にとっては重荷になる。「一度に書き上げなくてよい」と言われると安心できる。付け足したり訂正したりしながら書いていくとよい。最初から完璧に書き上げるのではなく，無理をせず，書きやすいところから書いていくという方法が取り組みやすい。

(3) 具体的に書く

　具体的に書かないと計画倒れになってしまう。子どもの指導目標だけでなく，学校体制として，いつ，どこで，誰がどんな支援をするのかをはっきりさせていくことで，学校の職員間の共通理解も生まれてくる。「何かあると教室を出て行ってしまう子」など行動上の問題をかかえる子どもについては，学校全体

で対応していくことが求められるが、他の課題の子どもについても共通理解があると、補教や学校行事等で担任以外が関わる場合にやりやすくなる。

(4) やりやすい，取り組みやすいところから書く

　目標をあまり高いところに置かず、現在取り組みやすい時間、やり方から入っていく方がよい。生活全体、すべての授業時間となると個別の指導計画を実践するのは難しくなり、担任の負担感が増してしまう。

　子どものりやすい教科や担任の得意な教科に重点を置く、整理・整頓をまず指導していくなど、子どもや担任の現状や実態からスタートしていく。

　学校としては、担任だけに指導を任せるのではなく、他の人が援助に入る体制が取れるか、可能な時間帯があるかどうかも検討していく。

　小学校の通常の学級の担任は、学習時間だけでなく掃除や給食などの合間の時間にも大変さをかかえている場合が多い。掃除の時間に付き添ってもらえるだけでも気分的に楽になるものだと思う。

(5) 目標や時間をしぼる

　一人の子どもについて考えていくと、多くの場合、いくつもの目標が思い浮かんでくる。どれもこれもと思いがちになるが、多くの他の子どもをかかえる通常の学級では、一人の子どもについてあれこれと取り組める訳ではない。

　全体の中での個別的な声かけや対応で行うことになるので、最優先の課題は何なのかをしぼっていくことが必要である。目標をしぼることで指導も効果的になる。子どもにとっていくつも注意されることがあっても身に付かないものである。指導する側としてもしょっちゅう注意ばかりという、よくない状態から解放される。

(6) どうすればできるか条件をつかむ

　問題行動をそのまま書くばかりでなく、どうすれば取り組みやすいか、その子の特性を踏まえて実践し、記録に残していくことが大事になる。パニックに

なったとき早く収まる方法（別室に外す，抱きかかえるなど）や，パニックを少なくするための予防的な働きかけ（予定を絵カードで示す，手順や量のメモを使うなど）が記録として残っていると，担任以外が指導に当たる場合の参考になる。校内で共通理解をするときにも個別の教育支援計画が役に立つ。

(7) 実践し，反省し，修正していく

書き上げておしまいということでなく，実践したら反省し，修正してまた実践してみる，というサイクルが大事である。評価を繰り返して次の指導に活かしていくということである。

(8) 学級経営の中での個別の指導計画

発達障害児は，所属する学級によって，状態がかなり違う。その子の個別の指導計画を立てる際，友だち関係への配慮や周囲にどう理解してもらえばよいか，他の保護者にどう提示していくかなどの，学級経営という視点からも捉えていく必要がある。

また，一斉授業の組立てについても工夫していく必要がある。集中力がない子が学級にいれば，45分授業を15分ずつに分けて（本読み，漢字練習，全体で読解など）計画する。視覚優位な子がいれば，大事なことは話しながら板書するというように。その子のための工夫が他の子どもたちにも有効なことが多い。

(9) 周辺の環境を整える

座席の位置や班構成も大事な条件である。相性のよい友だちと組めると学習にのりやすく，トラブルも少なくなる。

担任が授業をするとき，声かけや補助のしやすい座席，外や廊下が気にならない座席などを考えていく必要がある。また，教室内の掲示物を整理したり，板書を分かりやすくするなどの環境についても配慮が必要になる。

⑽ 保護者との連携の中で書く

簡単なアンケートに答えてもらい，家庭におけるその子の状態を把握するとともに，本人や保護者の学校に対する要望・願いをつかむ。それを個別の指導計画の中に盛り込んだり参考にしたりしていく。

個別の指導計画をおおよそ立てた段階で保護者に示し，話し合いが持てれば学校側と保護者が理解した上で進めることができる。

保護者と話し合う際，担任だけでなく，複数の教員で対応できると心強い。特別支援教育コーディーネーターや障害のことが分かる特別支援学級や通級の担任などの校内委員会のメンバーが同席することが考えられる。保護者にも学校全体で取り組んでいることをアピールできる。また，学年途中で特別な時間設定をしなくても，個人面談や家庭訪問などの機会を利用してその時点での反省点や修正点がまとめられ，次の計画や実践につなげていくと理想的である。

⑾ 専門家との連携

子どもによっては，相談センターや医師などの専門家とつながっている場合がある。保護者の了解を得て心理テストの結果や考察がもらえると子どもの特性が捉えやすい。考察を学級担任にかみくだいて分かりやすく説明できる人材がいると，授業や指導にそれを役立てることができる。校内で難しい場合は，特別支援学校からの専門的なアドバイスをもらう機会を利用することもできる。

⑿ 次の学年に引き継ぐ

前担任が実践の中でこのことは効果がないと感じたことは次の学年に引き継ぎ，同じことで繰り返しの失敗がないようにしたい。

また，反省と課題だけでなく，やって効果的だったこと，子どもが意欲的に取り組めたこと，成功した点を引き継ぐことが大事である。

前担任が転勤ということも考えられるので，学校全体として次の担任へ申し送りするという姿勢が大事である。そのための要の役を特別支援学級や通級の担任が負っていくことが考えられる。

（長谷川　安佐子）

特別支援学級・通級指導教室の魅力ある実践

2010年3月31日　初版第1刷発行
2013年2月4日　初版第2刷発行

編　　者　大　南　英　明
発 行 者　小　林　一　光
発 行 所　教 育 出 版 株 式 会 社
　　　　　〒101-0051　東京都千代田区神田神保町2-10
　　　　　電話 03-3238-6965　振替 00190-1-107340

©H. Ominami　2010　　Printed in Japan　　組版　ピーアンドエー
落丁・乱丁はお取替いたします。　　　　　　印刷　モリモト印刷
　　　　　　　　　　　　　　　　　　　　　製本　上島製本

ISBN978-4-316-80275-6　C3037